Georg Meck, Diplom-Volkswirt, ist stellvertretender Ressortleiter Wirtschaft der *Frankfurter Allgemeinen Sonntagszeitung*. Für die dort geschriebenen Unternehmer-Porträts erhielt er den Quandt-Medienpreis. Er schreibt seit Jahren über die Deutsche Bank und hat mit allen relevanten Akteuren geredet, mit Vorständen wie Aufsichtsräten, von Ackermann und Achtleitner bis zu Jain und Fitschen.

Georg Meck

The Deutsche

Investmentbanker an der Macht:
Wohin geht die Deutsche Bank?

Campus Verlag
Frankfurt/New York

ISBN 978-3-593-39799-3

Umschlaggestaltung: Anne Strasser, Hamburg
Umschlagmotiv: © getty images
Fotos auf den Seiten 59, 119, 125, 153 © Deutsche Bank
Foto auf S. 35 © dpa
Satz: Fotosatz L. Huhn, Linsengericht
Gesetzt aus: Scala und Scala Sans
Druck und Bindung: Beltz Druckpartner, Hemsbach
Printed in Germany

Dieses Buch ist auch als E-Book erschienen.
www.campus.de

Inhalt

»Wenn schon jagen, dann Nashörner«

Bengalisches Sprichwort

Vorwort

Am 1. Juni 2012, einem sonnigen Freitag, hat Anshu Jain, ein Inder mit britischem Pass, die Führung in der Deutschen Bank übernommen: ein Kulturbruch, ein Experiment, abgemildert einzig durch die Tatsache, dass ihm mit Jürgen Fitschen ein der Tradition verpflichteter Co-Chef zur Seite gestellt wird.

Für Deutschlands einzige Bank von Weltrang beginnt damit eine neue Zeit: Die Investmentbanker angelsächsischer Provenienz geben nun den Takt vor in den Frankfurter Doppeltürmen. Das weckt erst mal den Argwohn des Publikums: Wer ist dieser Inder an der Spitze? Wie riskant ist der Kurs der Investmentbanker wirklich? Und was bedeutet das für die Verankerung der Bank in Deutschland?

Denn: »The Deutsche« oder schlicht »Deutsche«, wie sie im Angelsächsischen bisweilen genannt wird, ist eine besondere Bank für die Deutschen, ihr aller Baby. Im Jahr 1870 auf »Allerhöchsten Erlass Seiner Majestät des Königs von Preußen« gegründet, zieht sie mehr Stolz, aber auch mehr Hass auf sich als jede andere Firma im Land. Ihre Chefs sind, zu jeder Zeit, mehr als gewöhnliche Manager: entweder Held oder Buhmann – Mittelmaß selten.

Die Deutsche Bank steht für Deutschland (das Vermögen in ihrer Bilanz, zwei Billionen Euro, entspricht gut 80 Prozent des deutschen Bruttoinlandsprodukts) – und sie profitiert von Deutschland: Draußen in der Welt, an den Märkten, genießt sie mehr Vertrauen, weil sie Europas stärkste Volkswirtschaft im Rücken hat. Die Bundesrepublik Deutschland steht im Zweifel für sie gerade: »Implizite Staatsgarantie« heißt das Stichwort.

Wenn eine Bank systemrelevant ist für Deutschland, dann »the Deutsche«: Patzt Anshu Jain, muss ihn im Zweifel der Steuerzahler rauspauken. Auf wen also lassen wir uns mit ihm ein, als Kunden, Aktionäre, Steuerzahler? Aus all diesen Fragen entstand die Idee für dieses Buch.

Es ist ein heikler Zeitpunkt, einem Investmentbanker – und ein solcher ist Anshu Jain mit Leib und Seele – die Gesamtverantwortung für einen Konzern wie die Deutsche Bank zu übertragen: Noch nie war der Berufsstand so in Verruf. Im täglichen Gespräch, bisweilen sogar im Bankenviertel, wird »Investmentbanker« als Schimpfwort gebraucht. Die Politik will die Banken an die Kandare nehmen, eine Trennung von Investmentbanking und Privatkundengeschäft wird gefordert. Das bedeutet: eine Zerschlagung der Deutschen Bank.

Auf den folgenden Seiten wird der Aufstieg Jains und damit verbunden der grundlegende Wandel der Deutschen Bank zur globalen Investmentbank nachgezeichnet: Sie tritt draußen anders auf, als es das traditionelle Bild vom Bankbeamten nahelegt, der in seiner Filiale Kredite an Häuslebauer und Mittelständler vermittelt: Angriffslustig, wenn nicht sogar aggressiv ist diese neue Art von Banking. Für das behäbige Filialgeschäft hatten ihre Vertreter, Jains Gefolgsleute in London, lange wenig übrig außer Verachtung. In diesem Buch wird die Strategie der Investmentbanker hinterfragt. Welche Strategie verfolgt Jain heute mit seinem Doppelpartner Fitschen, wie stellt er sich zu Politik und Gesellschaft, und was bringen seine Pläne für Deutschland als Finanzplatz, für die Deutsche Bank selbst, für ihre Kunden und Mitarbeiter? Anshu Jain wollte dieses Buch nicht. Er hat sich gegen das Projekt gesträubt. Er sei zu frisch im Amt, war die erste Reaktion, eine Würdigung seines Lebens komme zu früh. Tatsächlich ist Anshu Jain – mit nicht einmal 50 Jahren – deutlich zu jung für eine Festschrift, nicht aber für eine journalistische Annäherung an diesen außergewöhnlichen Banker, der Außerordentliches vorhat mit der Deutschen Bank.

Georg Meck
Frankfurt, im September 2012

Der Aufgalopp
Mit einer Kulturrevolution an die Weltspitze

Ende Januar 2012, Davos: Das »World Economic Forum« feiert seine 42. Auflage. Wie in allen Jahren zuvor geht es darum, die Welt, also den Kapitalismus, ein bisschen besser zu machen. Auch sonst bietet der Skiort das übliche Bild: Schnee, Stacheldraht, Staatsmänner, die im Helikopter einfliegen. Am Boden demonstrieren Limousinen des Sponsors Audi der Kernzielgruppe die Vorzüge des Allradantriebs.

Nur eines ist anders als sonst: In der Deutschen Bank läuft sich eine neue Führung warm, die sich in Davos zum ersten Mal gemeinsam dem Publikum zeigt – die drei Neuen als harmonisches Trio beim fröhlichen Netzwerken, als da wären: Anshu Jain, Sohn eines indischen Regierungsbeamten, Jahrgang 1963, ein Weltstar unter den Investmentbankern, und Jürgen Fitschen, 1948 auf einem Bauernhof in Hollenbeck nahe Buxtehude geboren, ein Gentleman-Banker alter Schule, seit 25 Jahren in der Deutschen Bank.

Zusammen bilden sie die Doppelspitze, mit Paul Achleitner, dem dritten Neuzugang, wird daraus ein Triumvirat: Der Österreicher, Jahrgang 1956, Sohn eines Bankangestellten, wurde einst als Goldman-Sachs-Banker reich, dann als Allianz-Vorstand berühmt, jetzt widmet er sich als Aufsichtsratsvorsitzender hauptberuflich der Deutschen Bank.

Das erste gemeinsame Foto der drei, aufgenommen spätnachts auf der »Night Cap«-Party des Verlegers Hubert Burda in Davos, drucken fast alle Zeitungen. Wer genau hinschaut, erkennt im Hintergrund die Gattinnen: Geetika Jain, Ann-Kristin Achleitner und Friederike Lohse, die Frau von Jürgen Fitschen. Auch sie führen sich ein, flanieren über die Promenade durch den Skiort.

Anshu Jain kennt den Auftrieb, er ist Stammgast in Davos (»Ich komme seit Jahren hierher«). Seine Frau Geetika, Buchautorin und freie Journalistin, berichtet in ihren Reisekolumnen von dem Gipfel in den Graubündener Bergen, 1560 Meter über dem Meeresspiegel.

Die Klugen, Reichen und Schönen treffen sich hier jedes Jahr Ende Januar – mehr als 2500 Menschen, die sich zur globalen Elite zählen: Wirtschaftsführer und Wissenschaftler, garniert mit Ministern im Dutzenderpack, aufgelockert und abgeschmeckt mit etwas Künstlervolk, den Bonos und Paulo Coelhos dieser Welt. Altes Geld, vertreten durch die Wallenbergs aus Schweden oder die Porsches/Piëchs, trifft auf junge Internetmilliardäre. Dazwischen streunen die Investmentbanker umher. In besseren Zeiten, also vor Lehman, haben die Typen aus Amerika die Szenerie beherrscht. Dann haben sie den Ort wohlweislich kurz gemieden, aus Furcht vor Fotos mit Champagner und Austern – das wäre bei ihren Rettern, den Steuerzahlern zu Hause, schlecht angekommen. Etliche Banken waren gekippt, der Ruf der Spitzenleute hatte gelitten.

Nun sind die Investmentbanker wieder da, aber ihr Auftritt gerät eine Spur zurückhaltender. Es locken einfach zu viele Deals, zu viel Geld, etwa von den vermögenden Clans aus den Schwellenländern, die hier samt Großfamilie anrücken: aus Indien die Mittals, die in Stahl und Mode machen, die Tatas, die neben Autos alles Mögliche machen, oder die nicht minder eifrigen Mahindras.

Das wahre Zentrum dieses Speed Datings für Manager findet sich ein paar Minuten Fußweg vom Kongresszentrum entfernt, im Grandhotel Belvédère, bewacht vom Militär, angestrahlt in den Farben der jeweiligen Konzerne, die dort gerade ihre Partys abhalten: Google ist ein beliebter Gastgeber, McKinsey auch.

Die Deutsche Bank setzt ihren Höhepunkt am Ende der Woche. In der Nacht zum Samstag empfängt der Konzern traditionell Topkunden und sonstige Prominenz. Dieses Jahr hält Josef Ackermann das letzte Mal Hof als Vorstandsvorsitzender. Stundenlang schüttelt er Hände, schäkert mit Nobelpreisträgern, Nachtschwärmern, Notenbankern, amtierenden wie gewesenen: Mit Axel Weber, dem ehemaligen Präsidenten der Bundesbank, und einem Pils zieht er sich nach Mitternacht in eine ruhige Ecke zurück.

Für die beiden Nachfolger ist keine herausgehobene Rolle vorgesehen: Anshu Jain, ein Glas Rotwein in der Hand, zieht seine Runden; für Imran Khan, das ehemalige Cricketidol aus Pakistan, der heute in politischer Mission unterwegs ist, legt er sogar seine professionelle Coolness ab.

Andere Konzernchefs nutzen solche Anlässe, um die Nachfolger in die globale Wirtschaftselite einzuführen. Josef Ackermann tut das nicht. Er hat sich seine Nachfolger nicht ausgesucht, ganz im Gegenteil: Er hat sie zu verhindern versucht. Aber auch ohne sein Zutun ist das Interesse an Jain und Fitschen in Davos groß genug. Die versammelte Business-Gemeinde ist gespannt auf die beiden, gespannt auf das, was da kommt in der Deutschen Bank – einer Macht in der internationalen Hochfinanz.

Die Heimat ist der Bank längst zu eng geworden, die Tage als biederer Kreditgeber für deutsche Mittelständler sind Geschichte. In mehr als 70 Staaten fühlt sich die Deutsche Bank zu Hause; etwa 100 000 Mitarbeiter machen aus Geld noch mehr Geld – sie versuchen es zumindest.

»The Deutsche« ist seit Jahren weltweit die Nummer eins im Devisenhandel, sie ist führend im Anleihengeschäft, behauptet einen Spitzenplatz unter den Experten, die für Übernahmen und Fusionen (Mergers & Acquisitions), das M&A-Geschäft, gerufen werden. Drei der fünf größten Börsengänge weltweit hat sie im Jahr 2011 als führende Bank begleitet. Das ist der Lohn für den enormen Ehrgeiz, den die Deutsche Bank in den vergangenen beiden Jahrzehnten darauf verwandt hat, neues Terrain zu erobern.

Ende der 1990er Jahre wollten zwei Dutzend Banken unter die fünf besten Investmentbanken der Welt vorstoßen. Geschafft hat es ein einziges Institut, das nicht aus Amerika kommt: die Deutsche Bank. Heute sei sie »eine führende globale Investmentbank«, so lobt sie sich selbst, »mit einem bedeutenden und wachsenden Privatkundengeschäft«.

Der Zusatz ist wichtig. 29 Millionen Sparer, 2900 Filialen, 260 Milliarden Euro Einlagen von Privatkunden: das macht etwas her – Rang sechs unter Europas Filialbanken. Herr und Frau Privatkunde, im Wirtschaftsdeutsch »das Retailgeschäft«, gleichen die stark schwankenden Erträge der Investmentbanker aus und zerstreuen obendrein den Verdacht, der Konzern hätte das traditionelle Banking glatt vergessen.

Die Beförderung von Anshu Jain hat diesen Eindruck verstärkt. Dagegen redet er an beim Aufgalopp in Davos, unterstützt von Co-Pilot Jürgen Fitschen. In Einzelgesprächen arbeiten sich die beiden Banker tagsüber durch die Liste mit aktuellen und potenziellen Kunden aus der Industrie. Der Hoteldirektor hat für improvisierte Büros einen Seitentrakt freiräumen lassen, aus den Einzelzimmern wurden die Betten entfernt, an deren Stelle steht ein kleines Buffet, frisches Obst, Tee, Wasser, Saft.

Wand an Wand sitzt dort in diesen Tagen die globale Finanzelite, Allianz neben Deutscher Bank, Credit Suisse neben UBS. Auf der anderen Seite des Flurs, untergebracht in kleinen Kammern, halten die Vorstandsstäbe die Nachrichtenlage im Blick, dirigieren die Topmanager, reichen die Dossiers über die jeweiligen Gesprächspartner.

Intern haben sich die Truppen in der Deutschen Bank zu diesem Zeitpunkt, Monate vor der offiziellen Inthronisierung, längst auf die neuen Verhältnisse ausgerichtet. Wer noch etwas vorhat mit seiner Karriere, weiß, was zu tun ist. »Nichts wird entschieden, was Jain oder Fitschen missfallen könnte«, berichtet ein Deutschbanker an der Kaffeebar des Hotels, im festen Wissen: Es wird Sieger und Verlierer geben. Sein Vorgesetzter, schwant ihm, gehört zu den Verlierern. Und so wird es, keine drei Monate später, auch kommen. Der Vorstand muss gehen, als eines der ersten Opfer der neuen Führung.

Sein Hauptziel, so sagt Anshu Jain in Davos, sei es, die Deutsche Bank als Gewinner aus der Finanzkrise zu führen. »Wir wollen zu den Besten der Welt gehören«, variiert Jürgen Fitschen die Melodie. Die andere Botschaft lautet: Kein Blatt Papier passt zwischen die Protagonisten. Wir sind ein Team. Schluss mit den Soloauftritten. Nie wieder »Joe-Show«! Unter dem Stichwort hatten sie intern über Josef Ackermanns Hang zu Soloauftritten auf den großen Bühnen der Finanzwelt gelästert. Zu Hause sei manches liegen geblieben, deutet der neue Co-Chef Anshu Jain an.

Sein Ehrgeiz kennt nur ein Ziel: die Weltspitze. Da will er die Deutsche Bank sehen, dorthin will er sie führen. »Das ist mein Auftrag.« Zu messen ist das Gelingen dieses Vorhabens in den Hitparaden, die Investmentbanker so lieben: in den »League Tables«, an denen ihre Laune hängt, den Rankings der Finanzkonzerne, ermittelt in diversen Disziplinen – Handel mit Anleihen, Devisen, Aktien, Rohstoffen, Vermittlung von Deals. Überall bildet sich das Kräfteverhältnis in Ranglisten ab. Und wie der Fernsehmensch auf die morgendliche Zuschauerquote vom Vorabend starrt, bestimmen diese Tabellen Marktwert und Selbstwertgefühl der Banker: Wo stehe ich, wo die Konkurrenz?

Die Deutsche Bank soll in den relevanten Märkten unter den Top 3 liegen. Allenfalls ein Platz unter den besten fünf ist für Jain tolerabel. Das Feld sortiert sich gerade neu: Etliche Wettbewerber sind ganz verschwunden, andere wurden verstaatlicht und beschränken sich auf den Heimatmarkt. Das einfältige Wort von der

»Krise als Chance« – im Fall der Banken stimmt es tatsächlich: Wer jetzt stark ist, dem bieten sich alle Chancen. In den nächsten Jahren werden nur noch wenige globale Investmentbanken das Spiel bestimmen. Die Top-Fünf-Anbieter werden in Zukunft die Hälfte des globalen Geschäfts unter sich aufteilen, prognostiziert die Unternehmensberatung Boston Consulting Group (BCG) im Frühsommer 2012 – heute ist es nur ein Viertel.

In dieser Riege der Spitzenreiter will Jain die Deutsche Bank dauerhaft sehen, weit weg vom dem, was in Deutschland an Finanzkonzernen übrig bleibt, auf Augenhöhe mit Namen wie J. P. Morgan, HSBC, Barclays, Goldman Sachs: »Wir müssen eine von den fünf oder sechs wahrhaft globalen Banken werden. Und wir könnten die einzige in Kontinentaleuropa sein.«

Wenn es aus eigener Kraft dazu nicht reicht, will Jain gegebenenfalls andere Häuser kaufen. »Die Konsolidierung in Europa wird kommen, und wir werden sie aufmerksam verfolgen«, kündigt er an.

Noch überlagern die Euro-Turbulenzen alle strategischen Überlegungen. Wenn die ausgestanden sind, wenn eines hoffentlich nicht allzu fernen Tages die Finanzwelt die Krisen abgeschüttelt und sich neu zurechtgeruckelt haben wird, dann muss die Deutsche Bank zu den Siegern gehören. »Das ist nicht verhandelbar«, sagt der Banker streng bei diesem Treffen Ende Januar 2012. Zum offiziellen Amtsantritt fehlen ihm da vier Monate; die alte Riege ist noch da, die neue schon voller Tatendrang, aber nach außen auf stumm geschaltet. In diese komplizierte Zwischenzeit fällt unser Gespräch in einem Hotelzimmer in Davos. Leise trägt Anshu Jain seine Vision von der Weltspitze vor, fast flüsternd, aber sehr bestimmt, sehr klar.

Erstaunlich viel redet er von Werten, von Vertrauen. Und von seiner Motivation. Das Geld ist es nicht, das ihn treibt, sagt er. Wenn das stimmt, was ist es dann? »Ich will meine Geschichte zu Ende schreiben«, antwortet Anshu Jain. Seine Geschichte, das sind bald 20 Jahre in der Deutschen Bank. 1995 hat er dort, mit Anfang 30, als kleiner, unbekannter Banker, angefangen, nun ist er ganz oben. Darauf hat er hingearbeitet. Dafür hat er Allianzen gebildet (und auch geschaut, dass der eine oder andere Rivale am Rand liegen bleibt). Nun erfüllt ihn der Stolz, es geschafft zu haben – ein erhebendes Gefühl für Anshu Jain. Er, der Fremde, ist vielleicht der mächtigste Banker Europas, der wichtigste Deutschlands ganz bestimmt.

So viele Geldhäuser von Rang hat die Republik nicht mehr zu bieten: Die Commerzbank wurde teilverstaatlicht, nachdem der Kauf der Dresdner Bank ihr fast das Genick gebrochen hätte. Die HypoVereinsbank gehört längst den Italienern von Unicredit. Und die Landesbanken hat, von Ausnahmen abgesehen, die Krise zerrupft: Die einst machtvolle WestLB hat sich aus der Geschichte verabschiedet, die BayernLB hat Vorstände ebenso wie Politiker im Freistaat verschlissen.

Bleibt die Deutsche Bank. »Herausforderungen« hat auch sie zu bestehen – diese Vokabel nutzen Manager, wenn es knüppeldick kommt. Den Banken, allen Banken, stehen anstrengende Zeiten bevor. Die Regulierer, vorgeschickt von der Politik, nehmen sie hart ran. Noch ist nicht jedes Detail klar, wohl aber die Richtung. »Wir sollen schrumpfen«, sagt Jürgen Fitschen. »Deleveraging« heißt es in der Fachsprache, wenn Banken ihre Bilanzen eindampfen.

Mehr Eigenkapital wird künftig verlangt, weniger Risiken. Banken müssen wieder langweilig werden – so heißt die neue Losung, vorgetragen von Professoren und Politikern. Auf dass nie wieder der Kollaps einer Bank den Wohlstand der Welt gefährdet – das ist eine der Lehren nach dem Zusammenbruch von Lehman Brothers. Eine weitere heißt: Es muss sich etwas ändern in den Gepflogenheiten innerhalb der Banken. Stichworte: Zocker und Gier.

Für die Deutsche Bank haben sich Jain und Fitschen nicht weniger vorgenommen als eine Kulturrevolution, die Erneuerung des

Konzerns von innen: mehr Anstand, weniger Boni. (Fast) alles, was gestern noch gut war, zählt heute nicht mehr. Ein neuer Geist muss her, die Banker, gerade diejenigen in der Investmentsparte, müssten mehr an das Wohl der Firma und weniger ans eigene Konto denken, heißt es nun: »Wir bekennen uns dazu, beim Kulturwandel in der Finanzindustrie in der vordersten Reihe zu stehen.«

Zu lange hatte man zu einseitig den Profit betont, glaubt Jürgen Fitschen, der seit Jahren die These vertritt, eine Bank habe zunächst »kompetent, vertrauenswürdig, sympathisch« aufzutreten, dann ergebe sich das mit der Rendite schon von allein.

Jetzt ist Läuterung angesagt. Eine Bank, und sei sie noch so stark, braucht ein Mindestmaß an Vertrauen in der Gesellschaft. Und das ging verloren, sagt Jain selbst: bei den Kunden, in der Politik und auch bei den Investoren. Auf die aber kommt es am Ende an. Ohne deren Rückhalt ist jeder Vorstand verloren. Um sie muss Jain werben, muss die Punkte abräumen, welche die Bank vornehm als »Reputationsrisiken« aufführt. All die Skandale und Klagen, die immer mehr Seiten in den Geschäftsberichten des Konzerns füllen: alles schlecht fürs Image, irgendwann auch für das Geschäft und somit für den Aktienkurs.

Anshu Jain ist der Mann, den die Aktionäre, die Eigentümer der Deutschen Bank, wollten. »Er ist getrieben vom Erfolg«, sagt ein Analyst. »Die Frage ist, ob er politisch akzeptiert wird.« Allein, ohne deutschen Co-Chef, würde er es nicht schaffen, meint ein erfahrener Headhunter: »Dafür ist die Zeit noch nicht reif.« Dafür ist es auch im Frankfurter Haifischbecken zu gefährlich, ergänzt einer aus der Zentrale. Unter seinesgleichen genießt der Inder einen exzellenten Ruf. Jain sei »ein glänzender Investmentbanker«, bestätigt ein Topmann von der amerikanischen Konkurrenz: »Fraglich nur, ob er ins gesellschaftliche Klima passt.« Die Antwort nach den ersten 100 Tagen: Er müht sich außerordentlich.

Die Bande innerhalb der Bank hatte Jain längst geknüpft, in seinem inneren Zirkel findet sich kaum jemand, der »nicht seit mehr als zehn Jahren in seinem Lager mitkämpft«, sagt einer der Kollegen. Und nach außen wird eifrig gearbeitet.

In Deutschland ist ein Ausländer an der Spitze eines Konzerns noch immer weit exotischer, als der Titel des »Exportweltmeisters« vermuten lassen könnte. In Wahrheit ist freilich wenig an der Deutschen Bank so richtig deutsch. Gewiss, der Sitz ist Frankfurt, hier zahlt der Konzern Steuern. Die meisten Gewinne aber fallen im Ausland an; die Mitarbeiter sind mehrheitlich nicht in Deutschland geboren; etwa die Hälfte der Eigentümer hat keinen deutschen Pass. Das ist bei der Deutschen Bank nicht anders als bei den meisten DAX-Konzernen: Selbst in Paradefirmen wie Adidas oder BASF stellen deutsche Aktionäre nur die Minderheit.

Über kurz oder lang wird auch das Management internationaler, wie ein Blick in die Vorstandsetagen beweist: Bayer hat einen Holländer (Marijn Dekkers) an der Spitze, Henkel einen Dänen (Kasper Rorsted), SAP einen Dänen und einen Amerikaner (Jim Hagemann Snabe und Bill McDermott). Und dann sind da noch Österreicher und Schweizer, die aber zählen nicht wirklich als Exoten: Deutsche Börse (Reto Francioni) oder Siemens (Peter Löscher).

Eine Studie der weltweit aktiven Personalberatung Heidrick & Struggles, veröffentlicht 2012, bringt ein auf den ersten Blick erstaunliches Ergebnis: Deutschland ist gar nicht so provinziell. Die deutschen Konzerne sind weniger national geprägt als die in Frankreich oder selbst in den Vereinigten Staaten von Amerika. 16 Prozent der Vorstandsvorsitzenden hierzulande sind Ausländer, in Frankreich liegt der Anteil bei 12 Prozent, in den USA nur bei elf Prozent.

Allein das Vereinigte Königreich hat sich multikulti-mäßig abgesetzt: Mit 42 Prozent Ausländern sind die Briten die absoluten Ausreißer, eine bunte Mischung regiert auf der Insel. War der Standort London mit seiner Commonwealth-Historie Voraussetzung für Anshu Jains Karriere? Geholfen hat es bestimmt. In München, Stuttgart oder Düsseldorf hätte ein Inder es vermutlich schwerer gehabt.

Ein Inder und die Deutschen
»Uij, ist der süß«

Von den Dingen, die Anshu Jain sich für das erste Jahr als Co-Chef der Deutschen Bank vorgenommen hat, ist dies für ihn besonders drängend: »to connect emotionally with Germany«, eine emotionale Bindung zu Deutschland schaffen. Der Inder und die Deutschen, das ist eine diffizile Angelegenheit.

Um eine Ahnung von den Ressentiments zu bekommen, muss man gar nicht erst dahin gehen, wo es wirklich wehtut: in die Blogs und Internetforen, wo der Mob seinen Dreck absondert. Nein, im Café für höhergestellte Großmütter ist nur der Ton angenehmer, die Botschaft nicht minder verletzend. Toleranz schön und gut, sagt die Frau am Nachbartisch, »aber ich kann mein Geld doch nicht Wildfremden anvertrauen«. Fünfzig Jahre habe sie das Konto nun bei der Deutschen Bank, einen Inder würde sie aber nicht an ihr Vermögen lassen: »Gott sei Dank haben die da noch diesen anderen, diesen Fitschen.« So wie die Dame »Inder« ausspricht, ist klar: Sie meint es nicht als Kompliment.

Aufgeklärte Menschen fordern allen Ernstes: Wer in der Zeitung (oder einem Buch) über Anshu Jain schreibt, dürfe ihn nicht als »Inder« titulieren – das sei fremdenfeindlich. Ein seltsamer Einwand, schließlich ist es gängige Übung, Prominente mit ihrer Herkunft/Nationalität näher zu kennzeichnen, und sei es nur als Stilmittel: um den Namen nicht bis zum Überdruss zu wiederholen.

Aus Boris Becker wird »der Leimener«, aus Arjen Robben »der Holländer«, aus Pelé »der Brasilianer«. Oder in der Welt der Wirtschaft: Josef Ackermann ist »der Schweizer«, Henkel-Chef Kasper Rorsted »der Däne«, Siemens-Lenker Peter Löscher »der Österreicher« und Bill Gates »der Amerikaner«.

Niemand denkt sich etwas Böses dabei. Nur Anshu Jain darf nicht »der Inder« sein. Warum nicht? Diese Frage müssen andere beantworten, Psychologen oder Anthropologen vielleicht, jedenfalls kein Wirtschaftsjournalist. Für dieses Buch, das sei an dieser Stelle ein für alle Mal geklärt, gilt: Die Bezeichnung »der Inder« wird absolut neutral gebraucht, nicht anders als »der Schwabe« oder »der Ostfriese«.

Zurück zum Chef der Deutschen Bank: Dessen Integration fängt damit an, womit sie immer anfängt – mit der Sprache. Für eine globale Bank, die ihr Geschäft längst auf Englisch abhandelt, mag es provinziell und albern wirken; dennoch ist der Punkt für die Außenwirkung entscheidend: Spricht Anshu Jain Deutsch? Versteht er es zumindest?

Diese Frage begleitet ihn seit dem Tag, als er als junger Investmentbanker zum ersten Mal in der Bank nach außen sichtbar wird. Sie wird umso drängender, je höher er aufsteigt. Lange behandelt der Konzern den Stand seiner Sprachkunde als Geheimnis. Das macht es nicht besser, hat aber gute Gründe: Aus der Tatsache, ob Anshu Jain Vokabeln paukt oder nicht, werden haarscharf Rückschlüsse gezogen: Er erhöht den Einsatz, wirft sich mit aller Macht in das Rennen um die Ackermann-Nachfolge – oder eben nicht.

»Anshu Jain kann kein Deutsch, und er nimmt auch keine Deutsch-Lessons«, stellt Ackermann Anfang 2007 klar. Gerade war wieder eine Ablösedebatte über ihn hinweggeschwappt, mit Anshu Jain als dem vermeintlich kommenden starken Mann.

Der Hinweis auf den fehlenden Wortschatz bedeutet in dieser Situation natürlich etwas anderes: Da lauert so schnell kein Rivale. Wer weiß schon, wie ernst Jains Ambitionen wirklich sind, wird damit ausgedrückt, vielleicht hat der Inder ganz anderes vor. Denn: Natürlich hat der Investmentbanker in all den Jahren nie offiziell seine Kandidatur angemeldet. Das Argument mit der Sprache gerät so zum allzeit einsetzbaren Joker im großen Ratespiel: Wer wird der nächste Chef der Deutschen Bank? Der Tenor lautet zumeist: Nichts Genaues weiß man nicht. Das ist wenigstens nicht falsch.

Erst einen Tag bevor Anshu Jain offiziell als Co-Chef antritt, erfährt die Sprachfrage ihre amtliche Klärung. »Ja, Herr Jain lernt Deutsch«, antwortet der scheidende Aufsichtsratsvorsitzende Clemens Börsig in der Hauptversammlung am 31. Mai 2012 auf die Frage eines Aktionärs: »Aber Sie wissen selbst, wie schwierig die deutsche Sprache ist.«

Zwei Wochen später, am 12. Juni 2012, vor dem CDU-Wirtschaftsrat im Berliner Hotel Interconti, dann die historische Premiere: Anshu Jain – inzwischen mit 300 deutschen Vokabeln ausgestattet – wagt die ersten deutschen Sätze vor Publikum, vor konservativen Politikern und Unternehmern. Ein durchschlagender Erfolg. »Uij, ist der süß«, entfährt es einer Blondine in der sechsten Reihe, als Jain, sorgfältig akzentuiert, seine Rede beginnt – auf Deutsch: »Sehr geehrte Damen und Herren, ich fühle mich sehr geehrt, heute vor Ihnen zu stehen – dies besonders als Co-Chef der Deutschen Bank.« Applaus. »Ich möchte Ihnen auch herzliche Grüße meines Partners, Jürgen Fitschen, überbringen.« Noch mal Applaus, sehr herzlich. »Seit fast zwanzig Jahren ist die Deutsche Bank mein Leben und mein Zuhause. Wie Sie aber merken, arbeite ich noch an der deutschen Sprache und muss diese Zeilen ablesen. Ihr Englisch ist besser als mein Deutsch ... also erlauben Sie mir bitte, jetzt ins Englische zu wechseln.« Geschafft. Weiter geht's in gewohnter Diktion über »the future challenges for the banking industry«.

Diese paar Sätze freilich genügen, damit ihn die *Bild*-Zeitung am nächsten Tag als »Sieger des Tages« auf die Titelseite bringt.

Als »zupackend und präzise« lobt ihn Finanzminister Wolfgang Schäuble, vielleicht etwas »zu freundlich und zu höflich«, fügt er mit schelmischem Blick hinzu.

Wohl wahr: Ein »Schauspiel der Demut« (*F.A.Z.*) bietet Jain, der bei dieser Gelegenheit irgendwie noch seriöser wirkt als sonst: Liegt es an dem besonders akkurat gescheitelten Haar? An der einen Tick dunkleren Krawatte? Egal, es passt jedenfalls zu den honorigen Wirtschaftsleuten im Saal: eher männlich, eher nicht ganz jung, überwiegend dunkler Zwirn, Wirtschaftsprüfer, Mittelstand, Makler, die ganze Palette.

Vor diesem Querschnitt der Kernklientel preist Jain Deutschland im Allgemeinen (»Das Modell der sozialen Marktwirtschaft hat sich bewährt«) und den deutschen Mittelstand im Besonderen: »Es gibt kein englisches Pendant für das Wort.«

Als »heimliche Helden« charmiert er die Anwesenden: »Sie stehen für zwei Drittel aller Beschäftigten und mehr als die Hälfte der deutschen Wirtschaft. Ein großer Teil Ihrer Produktion geht in den Export, und Sie sind echte Global Player.«

Zur deutschen Nationalhymne, traditionell Abschluss der Veranstaltung, erhebt er sich, ohne freilich die Lippen zu bewegen. Das stört niemanden mehr. Die Pluspunkte sind eingefahren. Anshu Jain hat einen gelungenen Tag in der deutschen Hauptstadt hinter sich: ein hübsches Foto mit einer gut aufgelegten Bundeskanzlerin, aufgenommen in der Lobby des Hotel Intercontinental, ist dabei herausgesprungen. Die eine oder andere Politikerhand hat er geschüttelt, bei Mineralwasser und Kaffee in der »Cigar Lounge«. Zwischendurch, als es nicht auffällt, rauscht er von der Tagung ins Berliner Büro der Deutschen Bank: richtig arbeiten.

Auch wenn diese Kontaktpflege Zeit frisst, wenn sicher nicht jede Rede seinen Anspruch an gedankliche Schärfe erfüllt – Anshu Jain muss sich daran gewöhnen. Das wird von einem Chef der Deutschen Bank erwartet im Land der Industrie- und Handelskammern, der Verbände und Familiendynastien: Das ist ein anderes Publikum als das, was der Investmentbanker bisher bespielt hat. Er hat entsprechend gut geübt. Das hohe Lied auf den Mittelstand als »Rückgrat der deutschen Wirtschaft« hat er schon drauf, im Original ohne Untertitel: »backbone of the German economy«.

Diese Klientel mag kein Casino und auch keine Zockerbude als Partner. Wahre Werte sind gefragt. Gleichzeitig aber will man stolz darauf sein, dass sich die Deutsche Bank draußen in der Welt gegen all die gerissenen Mächtigen behauptet. Wie eins zum anderen passt, ist dem Publikum letztlich egal. Die Bank hat jedenfalls da zu sein, wenn der Kolbenfabrikant sie braucht, ob nun in Guangzhou (China) oder Ouagadougou (Burkina Faso).

Von Beginn an, seit der Gründung 1870, ist sie eine besondere Bank für Deutschland. Auf der Feier zum hundertsten Geburtstag, am 9. April 1970, vermerkt die Festschrift stolz, wie bereits in den ersten Lebensjahren »die Weichen für eine fortschrittliche Geschäftspolitik« gestellt wurden: Die drei Bereiche, die schon Gründungsdirektor Georg von Siemens kultivierte, fährt der Text fort, sind bestimmend geblieben für die Arbeit der Bank »bis auf den Tag«: »Auslandsgeschäft, Depositengeschäft, Emissionsgeschäft«. Die Privatkunden kamen erst mit 90 Jahren Verspätung dazu, im Jahr 1959.

Der Konzern sei »das Baby aller Deutschen« – dieser Ackermann-Satz gilt bis heute. Das macht es nicht einfach für die handelnden Akteure: Ob Deutsche-Bank-Chef, Bundeskanzler, Fußball-Nationaltrainer – jeder hat dazu eine Meinung, jeder redet mit, jeder kennt sich aus. »Unter den Vorständen in Deutschland gibt es keine Position, die ähnlich stark beachtet wird«, sagt Hilmar Kopper, langjähriger Chef des Vorstands und des Aufsichtsrats der Bank.

Die Vorstandsvorsitzenden von Siemens, VW und Daimler sind der breiten Masse noch ein Begriff, dahinter wird es dünn. Wenn es aber in den Frankfurter Doppeltürmen kracht, ist man nur zu gerne live dabei – schließlich steht, irgendwie, auch das Wohl der Nation auf dem Spiel.

Als die Bank zur Jahrtausendwende, angeschoben vom damaligen Bundeskanzler Gerhard Schröder (SPD), ein Zusammengehen mit der amerikanischen Citigroup erwog, zumindest halbherzig prüfte und am Ende verwarf, hat die Industrie eine hochkarätige Delegation losgeschickt, die mit einer eindeutigen Botschaft anrückte: Finger weg, eine Fusion liegt nicht im nationalen Interesse! Die Gewerkschaft war sowieso dagegen. Die Deutsche Bank ist eben kein Betonpumpenhersteller, der mal eben nach China verkauft werden kann, wie es 2012 mit dem schwäbischen Weltmarktführer Putzmeister geschehen ist.

Man möchte sich gar nicht vorstellen, was los wäre, wenn ein Staatsfonds oder ein Finanzkonzern aus Fernost in Richtung Frankfurt anrückte – die Sirenen würden mächtig aufheulen: Standort in Gefahr! Zeter und Mordio!

Die »nationalen Interessen«, bezogen auf die Deutsche Bank, fangen schon bei den alltäglichen Dingen an. Bereits die Frage, wo Anshu Jain schläft, ob er sich eine Wohnung in Deutschland nimmt, gerät zum Politikum. Ein Bekenntnis wird verlangt: der Wohnsitz als Symbol. Die bequeme Hotel-Lösung scheidet für einen Chef der Deutschen Bank aus. Ein eigener Haushalt in der Mainmetropole ist Pflicht, aber wo und wie? Mietet Jain sich eine Ein-Zimmer-Butze, muss er sich vorhalten lassen, er meine es nicht ernst mit der Bank und Frankfurt. Zieht er in die Villa im Taunus, erschlägt ihn das Klischee vom Großkotz. Schließlich wird es ein Domizil in Frankfurt Westend, nahe am Palmengarten. In dieser Gegend wohnte auch Ackermann, der sich von dort aus an freien Wochenenden in sein Haus am Adlisberg in Zürich hat fahren lassen.

Eine Banker-Generation vorher wurde nicht lange gefackelt. Damals hat die Konvention die Immobilienfrage geregelt: Um bei ihrer Kontaktpflege »mehr Würde und Sicherheit auszustrahlen«, übernahmen die Chefs der Deutschen Bank mit ihrem Eintritt in den Vorstand die Verpflichtung, ihre Gäste in einem eigenen Haus und nicht etwa in einer Dienstvilla zu empfangen. Sofern es am Eigenkapital haperte, half ein Personalkredit zum Vorzugszins. Wobei anzumerken ist, dass die Gehälter sich damals auf anderem Niveau bewegten: Der Sprecher der Deutschen Bank, also der Chef – nicht zu verwechseln mit dem Pressesprecher – hat damals jährlich um die 800 000 D-Mark verdient. Heute ist der Betrag etwa zehnmal so hoch, in Euro.

Über Jahrzehnte hüteten die Herren der Deutschen Bank die Kiste mit den Kronjuwelen der deutschen Wirtschaft. Die Bande zur Industrie waren stets sehr eng, mit Hermann Josef Abs (Vorstandssprecher von 1957 bis 1967) als prägender Figur. Seinetwegen wurde 1965 eigens ein Gesetz geschrieben, um die Zahl der kontrollierten Konzerne zu begrenzen: Mehr als zehn Aufsichtsratsmandate sollten es fortan nicht mehr sein. Abs überwachte in seiner aktiven Zeit 30 Unternehmen.

Die Kreise der Deutschen Bank zu stören, betrachteten die Größen der Industrie in jenen Jahren als töricht bis gefährlich: »Kein anderes Geldinstitut hat das Netz seiner Interessen so weit ausgebreitet, Macht und Reichtum so zielstrebig zu mehren verstanden«, schreibt Chronist Hans Otto Eglau in den frühen 1980er Jahren. »Mit dem Selbstgefühl eines elitären Ordens verstehen es die Herren an der Spitze des führenden deutschen Finanzkonzerns, den Rang des Besonderen, den ihr Haus beansprucht, beredt ins rechte Licht zu rücken.«

Und Alfred Herrhausen, damals noch einfaches Vorstandsmitglied, sagte 1976: »Natürlich haben Banken Macht. Wer das leugnet, sagt nicht die Wahrheit. Wir haben Macht – je größer wir sind, umso mehr, je älter wir sind, umso sicherer, und je vielseitiger wir sind, umso häufiger.« Mit einer solchen Selbstgewissheit würde ein Anshu Jain nie wagen zu reden. Selten mussten sich Banker kleiner machen als heute – und sei die Tradition noch so stolz.

In vielen der Pionierfirmen der deutschen Industrie hat die Deutsche Bank von der Gründung an Regie geführt. Man denke nur an Mannesmann und Siemens im 19. Jahrhundert; prägend war ihr Einfluss bei der AEG und später bei Lufthansa und Daimler: Als sich die Flicks Mitte der 1970er Jahre von dem Automobilkonzern verabschieden, übernimmt die Deutsche Bank deren 29-Prozent-Paket, um einen Verkauf von Mercedes ans Ausland zu verhindern. Lang und länger wird die Liste der Beteiligungen; mit Namen wie Allianz, Daimler, Münchener Rück, Buderus, Continental, Heidelberger Zement, Linde, MG Technologies, Phoenix, Südzucker, Deutsche Börse.

Das Signal zum Abverkauf gibt die rot-grüne Bundesregierung im Jahr 2002: Der Verkauf der Aktienpakete wird steuerfrei, daraufhin startet Josef Ackermann die Aktion »Alles muss raus«. Er tut das sicherlich auch aus Furcht, die nächste Bundesregierung könnte die Reform wieder rückgängig machen, vor allem aber, um Kapital zu besorgen, das an anderer Stelle besser eingesetzt wird: im Aufbau des Investmentbanking, des Bereichs, den Ackermann als Generator künftigen Profits identifiziert.

Die sogenannte »Deutschland AG«, das System gegenseitiger Verflechtungen, löst sich in der Folge auf. Praktisch nichts an industriellen Beteiligungen bleibt im Kontor der Deutschen Bank übrig.

Ungeachtet dessen wird deren Chef bis heute hofiert wie ein Staatsgast, wenn er ins Ausland reist, er fliegt ein als jemand, der in Deutschland die Dinge regelt. Es kommt vor, dass die Herren etwas deutlich klarstellen müssen: Sie regieren die Bank, nicht das Land. Der Unterschied wird nicht überall verstanden.

Der Chef der Deutschen Bank ist Deutschland – sogar wenn er Schweizer ist. Er habe seinen Pass oft verleugnet, bekennt Josef Ackermann. In dem Punkt hat Anshu Jain es leichter. In seiner Zeit als Nur-Investmentbanker sieht es bisweilen so aus, als mache er einen Bogen um Deutschland, seine Ansprechpartner findet er in New York und in der Londoner City. Verirrt er sich auf ein Podium in Frankfurt, meist auf Bankenkongressen, dann agiert Jain sehr klug. Er betont bei diesen Gelegenheiten gerne, wie »wichtig die deutsche Identität« für die Deutsche Bank sei: »Das ist eines der wichtigsten Merkmale, um sich abzuheben von der amerikanischen Konkurrenz.« Aber ist tatsächlich er der Richtige, um die deutschen Wurzeln zu pflegen – ein Mann, der im amerikanischen Investmentbanking sozialisiert wurde?

Im Wissen um solche Zweifel geraten Jain diese Auftritte eher staatsmännisch, das Publikum hört geschliffene Vorträge eines geläuterten Bankers, abgesehen von den Irritationen, wenn ihm, mehr oder minder zwangsläufig, irgendwann die Frage gestellt wird: »Mister Jain, was macht Ihr Deutsch?« Die Antwort spart er sich auf, bis er beim Vorstandsvorsitz angekommen ist. Die deutsche Sprache sei ihm wichtig, betont Anshu Jain nun. Er büffle fleißig, auch wenn das »neben meinem Job keine leichte Aufgabe ist«.

Mit dem Patriotismus von Global Playern ist es so eine Sache: Wie ernst meinen sie es wirklich mit den Schwüren auf den Standort Deutschland? Nie gingen Managern die Liebeserklärungen so leicht über die Zunge wie jetzt, da Deutschland in aller Welt als Kraftzentrum gerühmt (oder manchmal gefürchtet) wird. Treuebekenntnisse kosten nichts und lohnen sich immer: Zumindest schmeicheln sie dem Nationalbewusstsein der Menschen und helfen der eigenen Reputation.

Für Banken jedoch hat die Frage der Nationalität seit der Krise eine ganz andere Dimension: Ein Finanzkonzern ist nur noch so stark wie der Staat, der ihn im Notfall auffängt. Deutschland ist im Urteil der Märkte sehr stark, sogar so vertrauenswürdig, dass Investoren Geld dafür zahlen, wenn sie der Bundesrepublik einen Kredit geben dürfen – eine ziemlich einmalige Situation, sicherlich geschuldet der Schwachbrüstigkeit anderer Euro-Staaten.

Dies färbt ab auf die Banken. Eine Deutsche Bank kann sich günstiger Geld borgen als die europäische Konkurrenz. Die Gläubiger bauen darauf, dass die Bundesregierung den Konzern im Zweifel rauspaukt. »Implizite Staatsgarantie« heißt der Fachbegriff dafür, wenn die Bundeskanzlerin sich sonntagsabends im Fernsehen zeigt und verkündet: Die Sparguthaben sind sicher. Keine Bank kippt. Das wirkt.

So ist eine Versicherung gegen eine mögliche Pleite der Deutschen Bank (mittels Credit Default Swaps, CDS) sehr viel günstiger als für fast alle anderen europäischen Großbanken. Analysten berechnen den Vorteil auf das Zehntelprozent genau: Deutsche Wurzeln übersetzen sich direkt in eine höhere Rendite. Die Treue zum Standort rechnet sich in Euro und Cent.

Wer als Bank die Wahl hat, sollte den Sitz deshalb nach Deutschland verlagern, sagt Theodor Weimer, Vorstand der italienischen Unicredit und Chef von deren Tochtergesellschaft HypoVereinsbank. »Es wäre klüger, mit der Zentrale von Mailand nach München zu ziehen.« Und Anshu Jain sagt: »Ich weiß, wie wichtig Deutschland für uns ist. Wir betrachten unseren Heimatmarkt als wahren strategischen Vorteil.« Deutschland sei eines der am besten geführten Länder der Welt, fügt er an. Die Bank profitiert direkt davon. Als die Ratingagentur Moody's ihre Kreditwürdigkeit Ende Juni 2012 gleich um zwei Grade heruntersetzt, reagiert der Markt gelassen: Kein Grund zur Sorge, solange Berlin nicht wackelt.

Es wäre Irrsinn, auf diesen Vorteil freiwillig zu verzichten. Niemals war Frankfurt als Konzernsitz der Deutschen Bank deshalb wohl so unangefochten wie heute. Kein Investmentbanker wird so verblendet sein, auf das Mehr an Gewinn (und damit auf Gehalt) dank dem Deutschland-Bonus zu verzichten, nur um die Zentrale an die Themse zu holen: So viel ist die Symbolik dann doch nicht wert.

Dabei standen die Gefolgsleute Jains in London jahrelang im Verdacht, den Konzernsitz dahin zu zwingen, wo die Leistungsträger sitzen: zu ihnen nämlich, an die Great Winchester Street. Deutsche Standortpolitiker waren alarmiert. Bundeskanzler höchstpersönlich haben sich zur Abwehr dieser Pläne eingeschaltet. Die einzige Bank von Weltrang galt es unbedingt im Land zu halten.

Bei jeder sich bietenden Gelegenheit wurde Anshu Jain mit der Frage nach dem Konzernsitz konfrontiert. »Mein Hauptsitz ist in der British Airways und in der Lufthansa«, diese Antwort hatte er sich angewöhnt. Aber die Zeiten ändern sich. »Vor fünf Jahren schien es so, als hätten sich die Banken von ihren nationalen Wurzeln losgesagt«, sagt Jain nun, »heute sind sie wichtiger denn je.«

Früher hätte man seine Bekenntnisse zu Deutschland schnell abgetan: patriotische Pflichtübung, die übliche Propaganda. Das geht jetzt nicht mehr, da ökonomisches Kalkül und Rhetorik sich treffen – und genau das verhilft Jains Reden zur Glaubwürdigkeit. »Er meint das sehr ernst«, sagt ein Aufsichtsrat, »Sie werden sich noch wundern, wie deutsch die Bank wird mit einem Inder an der Spitze.«

Herkunft und Werte
Was hat Anshu Jain geprägt?

Eltern, Freunde und die große Liebe

Zwei Utensilien prägen das öffentliche Bild von Anshu Jain: zum einen der schwarze Rucksack, den er gerne über die Schulter wirft und der ihn als unprätentiösen, coolen Typ ausweist: mobil, dynamisch, aber unangepasst. Ein Nylonsack der amerikanischen Marke Incase, erhältlich in jedem gut sortierten Onlineshop.

Und dann ist da der Knopf im Ohr – mal auffällig weiß, mal dezent schwarz gehalten. Das Kabel führt zum Simultanübersetzer im Hintergrund und zeigt: Jain ist keiner von uns. Er versteht uns nicht. Nun ist die Amtssprache in der Deutschen Bank seit geraumer Zeit Englisch, aber ein Inder als Chef ist trotzdem gewöhnungsbedürftig fürs Publikum – noch dazu ein Investmentbanker, der rein gar nichts gemein hat mit dem Bankbeamten früherer Tage.

Zweifel und Ängste begleiten den Stabwechsel, eine Operation, die sowieso schon heikel ist, in jeder Organisation dieser Größe: Das interne Machtgefüge gerät schlagartig aus dem Lot. In dem Moment, in dem der Neue ernannt ist, verwandelt sich der amtierende Chef, ungeachtet aller Meriten, in eine lahme Ente. Loyalitäten zählen nicht mehr, auch nicht unter ehrpusseligen Bankern. Von einer Sekunde auf die andere richten sich die Truppen auf den Neuen aus. Das ist nicht immer schön für die Betroffenen.

Im Fall der Deutschen Bank liegen die Dinge noch komplizierter, da Anshu Jain eben nicht der Wunschkandidat des scheidenden Chefs war. Als Josef Ackermann ihn nicht am Aufstieg hindern konnte, wollte er ihn zumindest kontrollieren, vom Aufsichtsrat aus. Bekanntlich blieb ihm auch das verwehrt: Der Schweizer ist weg. Der Inder regiert. Ackermann ist Geschichte. Jain die Zukunft.

Der Rucksack ist immer dabei: Anshu Jain mag keine Aktenkoffer

(Dass da noch ein gewisser Jürgen Fitschen an seiner Seite steht, wird gerne unterschlagen.)

Als Anshu Jain im Frühsommer 2012 beim Vorstandsvorsitz ankommt, ist er in der Bankenszene ein Star. Schon im Jahr 2010 wurde er von einem Fachmagazin zur »einflussreichsten Persönlichkeit in der europäischen Finanzindustrie« gekürt. Außerhalb dieser Kreise sagt sein Gesicht niemandem etwas. Selbst in London kommt es vor, dass eine deutsche Studentin erst bemerkt, mit wem sie da angeregt plaudert, als der Herr ihr die Visitenkarte in die Hand drückt: »Co-Vorsitzender des Vorstands« lautet Jains offizieller Titel. Das verschafft Respekt und Leibwächter.

Der von der Bank veröffentlichte Lebenslauf rollt seine Vita von hinten auf: Mitglied des Vorstands seit 2009, im Global Executive Committee seit 2002. Head of Corporate & Investment Bank mit Zuständigkeit für die Bereiche Corporate Finance, Sales and Trading sowie Global Transaction Banking. 1995 Wechsel von Merrill Lynch in New York zur Deutschen Bank nach London.

Wer das Leben des »britischen Bankers mit indischem Migrationshintergrund« (als solchen führen ihn die einschlägigen Personaldateien) von vorne erzählen will, muss in seiner Heimat, in Indien anfangen: Anshu Jain wird am 26. März 1963 in Jaipur geboren, im nördlichen Bundesstaat Rajasthan. Mutter Shashi Jain gehört der Glaubensgemeinschaft der Sikhs an, der Vater Ambuj Kumar Jain stammt aus einer von der Religion des Jainismus geprägten Familie, Anshus kleiner Bruder ist zwei Jahre jünger.

Weder ist die Familie streng gläubig noch beteiligt sie sich groß am Gemeindeleben. Dennoch hätten ihn die tradierten Werte geprägt, bekräftigt Anshu Jain, auch wenn er schon Jahre nicht mehr im Tempel war. Selbst der Vater sucht die Stätte nur auf, wenn die beiden Enkel zu Besuch sind: »Sie sollen wissen, was ihre religiösen Wurzeln sind.«

Da alle Menschen, die dieser Religion angehören, den Nachnamen Jain tragen, gibt es sehr viele Jains: Nicht jeder von ihnen ist naturgemäß mit dem Chef der Deutschen Bank verwandt. Schon gar nicht so nah wie Ajit Jain, die rechte Hand des legendären Investors Warren Buffett. Er kennt Anshu Jain fast von Kindesbeinen an. Ihn habe Anshus Karriere nicht überrascht, sagt Ajit Jain: »Er hat die seltenen Talente und das Urteilsvermögen eines Weltklasse-Chefs schon sein ganzes Leben gezeigt.« Nur dumm, so witzelt er, dass mit Anshus wachsendem Ruf sein Boss Buffett über kurz oder lang erkennen wird, »dass er den falschen Jain für sich arbeiten lässt«.

Zum Märchen à la »Slumdog Millionair« taugt der Deutsche-Bank-Chef nicht: Da befreit sich kein bettelarmes Kind aus düsterer Armut und bringt es zu Ruhm und Millionen. Anshu Jain wächst zwar nicht in Reichtum auf, wohl aber in geordnetem Wohlstand.

Der Vater, Ambuj Kumar Jain, wird – als Jahrgangsbester – in den Staatsdienst aufgenommen. Statt als Lehrer zu unterrichten, wählt er eine Stelle im »Indian Audit and Account Service« – in Deutschland würde man wohl Rechnungshof dazu sagen. Danach wird er regelmäßig versetzt, zwischendurch für ein Jahr ins Ausland, nach Afghanistan. Sohn Anshu besucht so lange die indische Schule in Kabul. Die Rote Armee war damals noch nicht einmarschiert.

Indien durchleidet in jenen Jahren eine eigenwillige Variante des Staatssozialismus. Er habe Verstaatlichung, Planwirtschaft, Bürokratie, Hungersnöte im Land gesehen, wird der Banker Jain später erzählen. Auch diese abschreckenden Erlebnisse in der Heimat haben ihn geprägt. In solche Zustände will er nie wieder zurück. Von den »bärtigen kommunistischen Lehrern« hat er genug.

Es sind die Wirtschaftsthemen, die den Schüler Anshu Jain im Unterricht faszinieren. Er erkennt rasch, dass die Wirtschaft für das Vorankommen eines sich aus der Armut entwickelnden Landes essenziell ist: »Dort mitzugestalten war für mich sehr reizvoll.« Deswegen zieht es ihn in den Finanzsektor. »Es begann nicht mit dem Wunsch, Banker zu werden, sondern mit dem Wunsch, alles über Wirtschaft und Finanzen zu verstehen. In einer Bank geht das eben sehr gut«, erzählt er, frisch im Amt, der *Frankfurter Allgemeinen Zeitung*.

Zunächst besucht Anshu Jain die Public School Mathura Road, eine der renommiertesten Privatschulen Delhis. Er glänzt mit exzellenten Noten, studiert danach Volkswirtschaft an der University of Delhi; mit Bachelor-Abschluss 1983 am Shri Ram College of Commerce, das vor 30 Jahren noch nicht ganz den guten Ruf gehabt habe wie heute, wie indische Zeitungen anmerken.

Noch am College, keine 18 Jahre alt, verliebt er sich in die Frau, mit der er nun seit einem Vierteljahrhundert verheiratet ist: Geetika, wie Jains Mutter eine Angehörige der Glaubensgemeinschaft der Sikhs. Die Sikhs haben eine monotheistische Religion, während die Jainas weder Gott noch Priester kennen. Doch diese religiösen Gegensätze spielen für das Paar keine wichtige Rolle.

Als die Geliebte mit ihrer Familie nach Amerika auswandert, folgt ihr Anshu Jain, er schwärmt bis heute von der durchlässigen Gesellschaft dort: »Die USA sind offen gegenüber neuen Kulturen.«

Um ihm seinen amerikanischen Traum zu ermöglichen, muss sich der Vater schwer verschulden, angeblich verpfändet er Haus und Hof. Vom ersten selbst verdienten Geld zahlt Anshu Jain das Darlehen des Vaters zurück. »Geetika und die Karriere sind seine großen Antriebe«, erzählt die Mutter, Sashi Jain, als sie ein *Handelsblatt*-Reporter im Jahr 2010 in ihrem Zweifamilienhaus im gehobenen Stadtteil Panchsheel Park aufsucht und dort im Wohnzimmer das Hochzeitsfoto des Bankers entdeckt: Anshu Jain in der festlich verzierten, knielangen Kurta, auf dem Kopf ein weißer Turban.

In Amerika absolviert er den MBA nicht an einer Top-Adresse wie Harvard oder Wharton, sondern an einer Business School eine Liga darunter: an der Isenberg School of Management, an der University of Massachusetts in Amherst – nicht unbedingt der Karriereturbo, der Absolventen auf kürzestem Weg an die Schalthebel der Konzerne befördert.

Für Jain jedoch fügt sich eins ins andere: Sein akademischer Lehrmeister, Professor Thomas Schneeweis, gilt als Größe in der Hedge-Fonds-Welt, der Szene der »alternativen Investments«. Jain arbeitet ihm zwei Jahre lang als wissenschaftlicher Mitarbeiter zu und belegt seine Kurse: »Das ideale Fundament für meine berufliche Tätigkeit. Toms Netzwerk an der Wall Street hat mir zu meinen ersten drei Jobangeboten verholfen.«

Aus Dankbarkeit hilft er Schneeweis später mit einer großzügigen Spende, ein »Center for International Securities and Derivatives Markets« zu gründen. (Der zweite Großsponsor übrigens ist ein Mann namens Michael Philipp, ebenfalls Isenberg-Absolvent, mit identischen Stationen wie Jain: erst Investmentbanker bei Merrill Lynch, dann Vorstand der Deutschen Bank, die er 2002 verlassen hat.)

Auch Naturschutz- und Menschenrechtsorganisationen (etwa »Breakthrough«) werden von Anshu und Geetika Jain finanziell unterstützt, Fotos von Charity-Veranstaltungen sind trotzdem rar. Homestorys? Fehlanzeige. In Londons schnell drehender High Society rangieren die Jains unter der Rubrik »Underperformer«, ein glatter Ausfall, was den Promirummel angeht. Die Familie lebt im Westen der Stadt, einer großbürgerlichen Gegend, wenn auch nicht pompös.

Die beiden Kinder, ein Sohn und eine Tochter, sind inzwischen ausgezogen: Tochter Aranya besuchte die wohl beste Mädchen-oberschule Großbritanniens, die St. Paul's Girls' School. Nach einem ersten Abschluss in Delhi macht sie ihren Master an der Cornell University im Staat New York, einer privaten Hochschule der Ivy League, allererste Güte: »Ein akademisches Paradies«, urteilt die Mutter: »Eine erstaunliche Vielfalt von Studenten, die alle Grenzen überwindet: Herkunft, Kaste, Nationalität.«

Auch der Sohn hat es gut getroffen. Arjun Jain gibt als Wohnort New York an; nach dem Abschluss an der St. Paul's High School (2010) ist er überglücklich, an der amerikanischen Elitehochschule Princeton einen Studienplatz zu ergattern, wie er auf Facebook postet.

Begabte, aufgeweckte junge Menschen sind die Jain-Kinder, privilegiert zwar, aber nicht überbehütet. Selbstbewusst, weltoffen und in vielerlei Hinsicht interessiert. Sohn Arjun Jain studiert Economics (wie der Vater), mag die Songs der jungen französischen Sängerin Cristina Vane (wie seine Schwester), fotografiert für sein Leben gern (womöglich noch besser als der Vater) und spielt als Gitarrist in einer Rockband (derlei ist vom Vater nicht überliefert).

»The Divergence« nennt sich die ambitionierte Studenten-combo, gegründet im November 2010 von einem Sänger (Daniel

Penner) und einem Schlagzeuger (Phil McNeal). Noch vor dem Bassisten stößt Arjun Jain als Gitarrist dazu. Das Instrument hat er sich in zahllosen Stunden selbst bei gebracht, verbarrikadiert in seinem Zimmer mit den Tonträgern der einschlägigen amerikanischen Helden. Die Allman Brothers hört er, ausdauernd die Red Hot Chili Peppers, auch härteres Zeug.

Im Sommer 2011 brechen die Studenten zu einer ersten kleinen Tournee auf, im April 2012 erscheint die erste CD, eingespielt in Berlin, genauer gesagt in den Kreuzberger Tritonus-Studios, seit 30 Jahren ein Begriff in der Musikszene. Sehr nett seien diese vier jungen Typen, Anfang 20, gewesen, »sehr musikbegeistert«, berichtet Gerd Krüger, der Inhaber des Studios. »Man freut sich über jeden mit Liebe zum Instrument, das waren richtige Musiker, keine Band, die am Laptop irgendwas programmieren will.« Drei, vier Tage haben die Sessions in Kreuzberg gedauert, ohne dass dort irgendjemandem aufgefallen wäre, dass dieser schmale Bursche an der Gitarre einen mächtigen Vater hat. Wer weiß, vielleicht spielen eines Tages »The Divergence« vor Topkunden oder Managern der Deutschen Bank. Sie veranstaltet häufig große Events, zu denen regelmäßig Superstars eingeflogen werden: Es müssen ja nicht immer die Rolling Stones sein, die Anshu Jain 2007 für eine Firmenveranstaltung in Barcelona gebucht hat.

Das Ehepaar Jain führt das Vielfliegerleben der globalen Elite. Seit mehr als 30 Jahren sind Anshu und Geetika Jain nun zusammen, 2011 haben sie in London Silberhochzeit gefeiert, zum Erstaunen ihrer indischen Gäste ohne Promis: »Keine Celebrities, alles Freunde. Anshu bleibt geerdet, auch wenn er hoch fliegt.«

Die indische Elite ist stolz auf die Weltkarriere von einem der ihren. Jain zeigt sich auf Konferenzen und in Fernsehinterviews mit der Star-Moderatorin Shaili Chopra, er berät die Regierung in Investmentfragen und hilft als Mitglied einer Regierungsdelegation dem britischen Premier David Cameron, in Indien Kontakte zu knüpfen. In Indien berät er die Regierung, um Investitionen aus dem Ausland anzulocken.

Zu seinem Aufstieg im fernen Deutschland gratulieren ihm Manager öffentlich, die schönsten Lobhudeleien sind zu hören. So schwärmen Weggefährten von der emotionalen Intelligenz Anshu Jains. Diese sei noch höher als sein IQ, Er sei äußerst sensibel gegenüber allen Menschen in seiner Nähe, seinesgleichen und Untergebenen, Familie und Freunden. »Er verhält sich immer angemessen, trifft immer den Ton«, wird sein Freund Nikesh Arora zitiert, früher Topmanager bei der Deutschen Telekom, heute bei Google. Anshu Jains Erfolg sei einer simplen Tatsache zu verdanken: Er kümmert sich. Er legt sich ins Zeug, bekennt sich jederzeit zur Deutschen Bank, zu seiner Familie und zu seinen Wurzeln in Indien.

Jains Ernennung sei eine »Inspiration für alle jungen Inder«, frohlockt gar ein Minister in der Presse. Als Klaus Kleinfeld, ein gebürtiger Bremer, den Chefposten des amerikanischen Aluminiumkonzerns Alcoa eroberte, war von der Bundesregierung nichts Vergleichbares zu hören.

In Indien triumphieren die Medien, dass Jain sich als Fremder gegen jede Menge deutscher Rivalen durchgesetzt hat: Der »resolut vegetarische« Anshu Jain habe der Deutschen Bank mehr Speck gebracht als »the Bratwurst Brigade« in Frankfurt, frotzelt ein Kommentator.

Dabei ist der Banker gar nicht der erste Inder auf herausragendem Posten in einem westlichen Konzern, das Land hat etliche berühmte Topmanager hervorgebracht. Der Erste von ihnen ist jetzt tief gestürzt: Rajat Gupta, in den 1990er Jahren Weltchef der Beratungsfirma McKinsey, im Sommer 2012 verurteilt wegen Wertpapierbetrugs in drei Fällen. Gupta, zeitweise auch Verwaltungsratsmitglied von Goldman Sachs und Procter & Gamble, hat einem Hedge-Fonds-Manager geheime Informationen verraten.

Eine saubere Vita, abgesehen von den üblichen Rückschlägen des Wirtschaftslebens, haben dagegen Indra Nooyi (Pepsi), Arun

Sarin (Vodafone) und Vikram Pandit (Citigroup). Sie alle haben Karrieren im angelsächsischen Raum gemacht, weswegen Anshu Jains Weg ausgerechnet in einer der »konservativsten globalen Institutionen«, der Deutschen Bank, von den Indern als so einzigartig gefeiert wird. Er habe die »letzte gläserne Decke für indische Managertalente« durchstoßen, schreibt die Zeitung *India Today* zu seiner Ernennung, um ihre Leser in Asien sodann über die unterschiedlichen Spielarten des Kapitalismus aufzuklären: die liberale angelsächsische Variante und das Pendant in Kontinentaleuropa mit weniger Laissez-faire, mehr Regulierung – und im Zweifel mehr Nationalismus: »Die Übernahme eines Jobs im Topmanagement durch jemanden, der nicht Französisch oder Deutsch spricht, ist in den meisten Fällen ein Sakrileg.« Da ist sicherlich etwas Wahres dran; schon der Schweizer Ackermann fremdelte bisweilen mit den Teutonen und sie mit ihm.

Anshu Jain hat zusätzlich zum indischen einen britischen Pass. Er denkt und fühlt aber indisch, auch wenn ihm die angeblich landestypische Liebe zum Bombast abgeht. Der Banker mag es kurz und bündig, keine blumige Rhetorik, kein Bollywood. »Sehr geradlinig, sehr smart«, lobt ihn öffentlich Madhav Dhar, ein Inder in New York, Hedge-Fonds-Gründer und Manager der GTI Capital Group. »Bei Anshu bekommst du, was du siehst.«

Vikas Nath, heute Hedge-Fonds-Manager in London, kennt den Banker seit der Schulzeit in den 1970er Jahren. Er hat mit ihm als Partner diverse Bridgeturniere gespielt und auch manche gewonnen – dank der strategischen Fähigkeiten Jains, sagt er: »Im Schach würde man sagen, er denkt zehn Züge im Voraus. Anshu ist nicht nur gescheit, er weiß seine Intelligenz auch einzusetzen – eine seltene Begabung.«

Anshu Jain liebt Bridge, er liebt (und spielt) Golf. Vor allem aber liebt er seit frühester Kindheit Cricket. Seine Begeisterung ist fast schon fanatisch zu nennen, er steht aktiv auf dem Platz und ist ein leidenschaftlicher Zuschauer. Nicht einmal in der Woche, als er zum Vorstandsvorsitzenden der Deutschen Bank bestimmt wird, verpasst er ein Spiel. Rahul David, Star des indischen Cricketteams, zählt er zu seinen engsten Freunden. Sind die Sportler in England, empfängt er sie. Er fliegt zu Partien, die manchmal Tage dauern können, nach Südafrika und Indien.

Zeitweise gehörten Anshu Jain 10 Prozent an einem Team, den »Mumbai Indians« in der indischen Cricketliga. Angesichts diverser Schiebereien in der Liga scheint es dem guten Ruf jedoch zuträglicher, sich von der Mannschaft zu trennen. Jain verkauft. Ein Geschäft wird daraus nicht.

Von frühester Jugend an hat er die Taten der indischen Volkshelden am Radio verfolgt. In seinem Londoner Büro hat er ein gerahmtes Trikot mit den Unterschriften ehemaliger Stars aufgehängt. Selbstredend macht er sich im Cricketteam der Londoner Deutschbanker zum Kapitän und seine Bank zu einem der Sponsoren des »Lord's Cricket Ground« in London – eine heilige Stätte des Sports, den viele Deutsche nach wie vor als rätselhaft empfinden.

»Cricket, lovely cricket« hat Anshu Jain Anfang 2011 einen Gastbeitrag für die amerikanische Zeitschrift *Newsweek* überschrieben. »Ich wage zu bezweifeln«, so schreibt der Investmentbanker, »dass es auch nur einen Inder gibt, unabhängig von Kaste, Sprache, Alter, dem nicht der Atem stockt bei den Bildern, wie Kapil Dev, katzengleich, 30 Yards sprintet, um Viv Richards einzuholen, und Indien zum einzigen WM-Titel verhilft, 1983.« Für die Weltmeisterschaft 2011 tippt Jain sein Heimatland ins Finale. Und er behält Recht: Indien holt den Titel. Seine internen Widersacher in der Bank zerrissen sich angesichts dieser Begeisterung den Mund über »Anshus Cricket-Tick«.

Mit seiner Frau teilt der Banker die Liebe zu Natur und Wildnis: Geetika Jain, eine leidenschaftliche Reise- und Naturliebhaberin, hat als mehr als 60 Länder bereist. Sie berichtet darüber als freie Journalistin, unter anderem in ihrer Kolumne (»Globe Trot«) in der Tageszeitung *Hindustan Times* sowie in der wöchentlichen Reisebeilage der *Economic Times.*

In ihren Reportagen schildert sie die Sitten und Sehenswürdigkeiten in Bayern (»Dirndl und Weißwurst«), in Belgien und auf den Bahamas. Sie nimmt die Leser mit ans Ende der Welt und klärt ihre Leser über die Vorzüge Berlins auf, die Lieblingsstadt ihres Mannes in Deutschland: »Ein Paradies für Kunst- und Architekturliebhaber. Und die Museen sind nicht so überfüllt wie in New York, London, Paris.«

Außerdem erfährt das Publikum auf diesem Weg von Anshu Jains Abenteuern nach Feierabend, wenn er seine Frau etwa nach Afrika begleitet, auf der Suche nach Berggorillas. Im Sommer 2010 erklimmt die ganze Familie Jain den Vulkan Sabinyo im Norden Ruandas (9000 Fuß hoch); gekleidet in Wanderschuhen, Gamaschen und mit Gartenhandschuhen (wegen der Nesseln in der dichten Vegetation). »Sie dürfen die Gorillas nicht berühren«, warnt der Führer. »Auch wenn die Tiere die Regel brechen und sie Sie anfassen, die Jungen mögen es, Kleider und Ausrüstung zu inspizieren. Und wenn Sie auf Toilette gehen wollen, bitte graben Sie ein Loch und decken sie es danach zu – und achten Sie immer auf die Nesseln.« Als sie nach stundenlangem Marsch schon ungeduldig werden, taucht ein wilder Berggorilla auf: »Mein Herz stand still, als ich die Silhouette eines Silberrückens im Gebüsch sah«, berichtet Geetika Jain. »Es war ein selbstbewusster, kräftiger männlicher Gorilla, der wachsam die Ankunft der Fremden verfolgte, bereit, seine Familie zu verteidigen.« Zehn Fuß entfernt setzen sie sich, Ranger und Gorillas wechseln einige tierische Laute, eine Art Begrüßung: »Ich bin hier.«

Als Anshu Jain mit seinem Fotoapparat dem Gorilla zu nahe kommt, fletscht das Tier die Zähne und vertreibt die Familie. Am Abend, in der Lodge, schauen sie die Fotos auf dem Laptop an: »Ein zutiefst befriedigendes Erlebnis.«

Mit sieben Jahren dürfen Sohn Arjun und Tochter Aranya

zum ersten Mal mit auf Safari. »Die Nähe zur Natur ist der wahre Luxus«, lehrt sie die Mutter. Abgesehen vom Spaß in der Wildnis glaubt sie an den pädagogischen Nutzen dieser Reisen: Anders als zu Hause, wo die Familie mit Mühe zum Abendbrot zusammenfindet, verbringt sie hier den ganzen Tag, 24 Stunden, eng beieinander: »Die Nähe schafft ein tiefes Zusammengehörigkeitsgefühl.«

Unter den vielen Herausforderungen eines Topmanagers ist die Familie nicht die einfachste: Ständige Präsenz daheim ist unvereinbar mit dem Job. Und es ist fraglich, ob es zur Vermittlung familiärer Geborgenheit genügt, die Assistentin anzuweisen, sie möge die Kinder am Telefon immer durchstellen. So hat es ein deutscher Promi-Vorstand einmal voller Stolz erzählt: »Damit bin ich immer für die Kleinen da.« (Fraglich, ob die das so empfunden haben!)

Anshu Jain definiert seine Rolle offenbar anders, der Zusammenhalt in der Familie ist ihm ein hohes Gut, das Einsatz fordert, schon jetzt, neben der Hochleistungskarriere, nicht erst im Ruhestand. Soweit von außen zu erkennen, sind die Bande eng. Man reist gemeinsam, nach wie vor gerne in die Wildnis. Frühes Aufstehen werde auf Safari-Tour trainiert, die Wachsamkeit des Nachwuchses geschult, betont Geetika Jain. Selbst Stadtkinder lernen, mit geschlossenen Augen zu erkennen, wann ein Elephant hinter ihrem Rücken vorbeiläuft oder wann es zu regnen beginnt. Und sie lernen mit Mücken und Wanzen, Spinnen und Skorpionen umzugehen – als Vorbereitung auf größeres Getier.

Von Anshu Jains Cousin Amit Jain, Spitzenmanager beim Chemiekonzern Akzo Nobel in Indien, vorher bei Coca-Cola und MTV angestellt, stammt die zwei Jahrzehnte alte und oft erzählte Anekdote über die Tigerjagd des heutigen Deutsche-Bank-Chefs: Anshu Jain war damals von New York aus in einen indischen Nationalpark angereist: Tiger schauen – nur schauen, nicht schießen oder jagen.

Die beiden haben jedoch Pech. Weit und breit ist keine Raubkatze zu sehen. Erst als sie sich mit ihren Frauen auf den Rückweg machen, kreuzt plötzlich ein Tiger den Weg: Welch ein Moment! Anshu und Amit Jain klettern mit der Videokamera auf den Wagen und zerbeulen dabei dessen Dach. Anshu Jain ist so fasziniert von dem Tiger, dass er herunterspringt und sich mit der Videokamera am Auge dem Raubtier zu Fuß nähert. Gattin Geetika ist entsetzt. Der Tiger verschwindet erst mit großen Sprüngen, als die Delle im Autoblech mit lautem Karacho zurückspringt. Der Anblick eines Tigers in freier Wildbahn sei unvergleichlich und »verändert das Leben«, sagt Anshu Jain Jahre später in einem Fernsehinterview.

Der Jainismus, die Religion der Vorfahren

Anshu Jain amüsiert sich darüber, was an fernöstlichen Sagen über ihn in Europa verbreitet wird – das Meiste davon mangels Fakten abgeleitet aus dem »Jainismus«, dem jahrtausendealten Glauben seiner Vorfahren. Weltweit bekennen sich, je nach Statistik, zwischen vier und acht Millionen Menschen zum Jainismus. Er schreibt Askese oder zumindest einen gesunden Lebensstil vor: Nichtrauchen, kein Fleisch. Berufe in der Landwirtschaft sind ausgeschlossen, im Militär sowieso. Die Jainas kennen weder Priester noch Götter, dafür verehren sie ihre Mönche.

Das Wort »Jainismus« werde gegoogelt, und dann ein Bild über ihn gepinselt, mokiert sich Anshu Jain und verkündet: »Alles Unsinn.« Meist gerät das Gemälde nahe am Klischee: der junge Maharadscha und der Tiger von Eschnapur. In der Art.

In Wahrheit ist der Investmentbanker nicht sonderlich religiös. Auch die ihm nachgesagte Abstinenz ist Legende. Ein Glas Wein weiß er durchaus zu schätzen, den Umzug nach Frankfurt will er nutzen, um Riesling zu testen, das hat er sich vorgenommen – so erzählt er es zumindest, lieber ist ihm allerdings Rotwein, gerne ein Bordeaux.

Was stimmt: Er ist Vegetarier, angeblich jedoch nicht aus religiösen Gründen. Jedenfalls dürfte Jain der mächtigste Vegetarier in der deutschen Wirtschaft sein und wahrscheinlich der einzige mit einem vegetarischen Restaurant in der Konzernzentrale. In den Deutsche-Bank-Türmen gibt es das »Gobo Chia« – das Restaurant ist gemäß Feng-Shui-Prinzipien eingerichtet und entspricht den Öko-Standards der »Green Towers«, wie die Doppeltürme jetzt heißen, vom ökologisch korrekten Dunstabzug bis zu Baumaterial aus maximal 800 Kilometern Entfernung.

Der Schutz von Natur und Umwelt ist dem Tierfreund Jain ein Anliegen. Er beruft sich auf das Wertekorsett, das ihm die Eltern mitgegeben haben: »Materielle Anerkennung ist keinesfalls das Wichtigste im Leben«, lautet einer dieser Sätze. »Mache dich unabhängig von unnötigem Besitz«, besagt ein Grundprinzip des Jainismus. »Anshu Jain ist ein Besonderer. Er protzt nicht mit Materiellem. Was für ihn zählt, ist die intellektuelle Auseinandersetzung«, sagte Norbert Walter, der kürzlich verstorbene ehemalige Chefvolkswirt der Deutschen Bank.

Wer lernt, seine Sinne zu kontrollieren, so lehrt der Jainismus, der erreicht auch im Berufsleben höhere Ziele. Der Mensch solle fortwährend an sich arbeiten, um sich selbst zu verbessern.

Bildung ist für Anshu Jain der Schlüssel zu allem, die Freude am klaren Gedanken der höchste Genuss. »Wenn Anshu Jain über eines nicht mit sich verhandeln lässt, dann über die überragende Bedeutung von Bildung«, sagt ein Kollege in der Deutschen Bank. Auch dies deckt sich mit den Lehren des Jainismus. Dessen Anhänger stellen eine überaus erfolgreiche Minderheit in Indien, häufig haben sie angesehene Positionen erreicht. 99 Prozent aller Jainas sind nach Angaben von Staatsminister Pradeep Jain – wie der Name verrät, selbst ein Anhänger der Glaubensrichtung – alphabetisiert. Der indische Durchschnitt liegt deutlich darunter, bei weniger als 70 Prozent.

Das oberste Gebot des Jainismus ist Gewaltlosigkeit, nicht nur gegenüber dem Menschen, auch gegenüber Tieren und Pflanzen. Manche Jainas tragen gar einen Mundschutz, damit sie keine Kleinstlebewesen aus der Luft einatmen. Fast alle achten darauf, kein Wurzelgemüse aus dem Boden zu reißen, auch Äpfel sollten nur gegessen werden, wenn sie nicht gepflückt, sondern zuvor vom Baum gefallen sind.

Die Jainas dürfen nicht stehlen, nicht lügen. Und sie müssen sexuell treu sein oder wie die Mönche zölibatär leben. Ganz wichtig: Man muss dem Besitz entsagen, sich abwenden von allem Materialismus. Armut ist eine eiserne Fußkette, heißt es, Wohlstand eine goldene.

Wie verträgt sich das Lob auf die Askese mit den Millionengehältern für Anshu Jain? Darf ein Bank-Chef so viel Geld verdienen, wie er es tut? Der Korrespondent der *Frankfurter Allgemeinen Zeitung* Jochen Buchsteiner hat in Delhi einen der wichtigsten Heiligen (»Acharya«) der Jainas aufgesucht und zu Anshu Jain befragt: »Was immer er tut, er muss dabei gut sein und den anderen dienen«, hat ihm Elacharya Shiri Shrutsagar geantwortet, der morgens – immer im Stehen und nackt – Wasser und Linsenbrei zu sich nimmt und den Rest des Tages fastet.

Der Jainismus ist nach Aussage des Heiligen eine Lebensform und Wissenschaft, aber keine Religion. Die Kernbotschaft drückt er in vier Wörtern aus: »Leben und leben lassen.« Ihm selbst ist nicht mal ein Glas Wasser gestattet, abgesehen vom Stehfrühstück. Auch kühle Bäder sind trotz der Hitze verboten. Die »Acharyas« leben völlig nackt und waschen sich nicht: Auch die Einzeller im Wasser sind schützenswerte Lebewesen.

Karriere und Reichtum sind mit der strengen Lebensweise vereinbar, sofern sie nicht Anspruchsdenken oder Gier nach sich ziehen. Ein Jaina soll sich frei machen von allen Abhängigkeiten. Nichts im Leben soll ihn binden: nicht Karriere, nicht Luxus, nicht einmal die Familie.

Viele Berufe scheinen dafür besser geeignet als der des Investmentbankers, bei dem zuallererst an Egoismus und Gier gedacht wird.

Alle gegen einen
Investmenbanker unter Feuer

Der Hass auf die »Bankster«: Sind Banker böse?

Im Ranking der meistgehassten Berufe hat der des Bankers einen steilen Aufstieg hingelegt. Die Liste der Vorwürfe ist lang: Die Banken haben sich vom Rest der Wirtschaft abgekoppelt, heißt es. Die Spekulation, das Geld, das Tag für Tag einzig des Profits zuliebe um den Erdball gejagt wird, übersteigt um ein Vielfaches den Wert der Güter, welche die Fabriken rund um den Globus verlassen. Beginnend mit Margaret Thatchers »Big Bang« Mitte der 1980er Jahre, dem Urknall im Finanzdistrikt, wurde das Geschehen an der Börse dereguliert: Die Umsätze mit Derivaten sind seither explodiert, auch das ist wahr. Das Geschäft mit außerbörslich gehandelten Finanzderivaten hat sich in den vergangenen 20 Jahren verdreihundertfacht – auf jetzt 600 Billionen Dollar im Jahr; das Weltsozialprodukt hat sich im selben Zeitraum nur verdreifacht – auf jetzt 65 Billionen Dollar.

Strittig ist, welchen Nutzen die Gesellschaft aus den Finanzakrobaten zieht. »Gar keinen« – diese Antwort würde höchstwahrscheinlich die Mehrheit ankreuzen. »Viele Leute zweifeln, ob die Investmentbanker irgendeinen realen Wert schaffen«, hat Josef Ackermann erkannt.

Banker, speziell Investmentbanker, stehen unter Feuer. Selten schlug ihnen so viel Feindseligkeit entgegen. Von einem »pervertierten, unmoralischen Finanzkapitalismus« sprach einst Frankreichs abgewählter Präsident Nicolas Sarkozy. In Deutschland ruft SPD-Chef Sigmar Gabriel die nächste Bundestagswahl zur Abstimmung über die »Bändigung der Banker« aus. Diese Liste ließe sich beliebig verlängern.

Ein Großteil der Deutschen hält Banker laut Umfragen schlicht für kriminell, oder, in der Diktion des an die Wand geschmierten Volkszorns: »Banker sind Schweine«. Sie zocken, bis die Schwarte kracht. Den Kunden ziehen sie über den Tisch, während sie selbst reich und reicher werden. Und am Ende muss der Steuerzahler für ihre Gier bezahlen – so die geraffte Begründung für den Zorn, der sich nach und nach in weite Teile der Gesellschaft geträufelt hat, weit über die Occupy-Camps hinaus.

»Die Welt hasst Banker«, sagt Sandy Weill, ehemals Chef der Citigroup, die mit ein paar Dutzend Milliarden Dollar vom amerikanischen Staat vor dem Kollaps bewahrt werden musste.

Das Schimpfwort »Bankster« (von »Gangster«), geprägt in der Weltwirtschaftskrise der 1930er Jahre, ist heute auch im Bürgertum zu hören. Selbst eine konservative EU-Kommissarin, die Luxemburgerin Viviane Reding, würzt damit Beifall heischend ihre Reden.

Das Banker-Bashing hat Tradition: Die Ressentiments gegen das Geldgewerbe reichen weit zurück in die Geschichte der Menschheit, sie waren lange da, bevor Derivate auch nur erfunden wurden. Zins zu nehmen galt in den meisten Kulturen als unanständiger als das Brotbacken.

»Spekulanten mögen als Seifenblasen auf einem steten Strom des Unternehmertums keinen Schaden anrichten«, schrieb einst der Nationalökonom John Maynard Keynes in seiner *Allgemeinen Theorie der Beschäftigung, des Zinses und des Geldes* (1936). »Aber die Lage wird ernst, wenn das Unternehmertum zur Seifenblase auf dem Strudel der Spekulation wird. Wenn die Kapitalentwicklung eines Landes das Nebenerzeugnis der Tätigkeiten eines Spielkasinos wird, wird die Arbeit voraussichtlich schlecht getan werden.«

Damit ist die Grenzlinie gezogen: Hier die Guten, diejenigen, die produzieren, dort die Bösen, die spekulieren – dieses Grundmotiv schwingt seit jeher in der Bankenkritik mit. Schon in den Gründerjahren der Bundesrepublik sorgte sich Pionier Max Grundig, dass zu großer Einfluss einer Bank »von Übel« sei. Ein BASF-Vorstand jener Zeit warnte vor den Banken als »negative Geister, die den schöpferischen Prozess stören.« Heute giftet der Präsident des Bundesverbandes der Deutschen Industrie (BDI), Hans-Peter Keitel, in Richtung der Finanzakrobaten: »Wir spekulieren nicht, wir produzieren.« Die sogenannte Realwirtschaft schäumt.

Aus dem Befund, die Banken würden sich untereinander kein Geld mehr leihen, bastelte der Vorstandsvorsitzende eines DAX-Konzerns einen Gag, der ihm auf jeder Cocktailparty Lacher unter seinesgleichen bringt: »Wissen Sie, warum Banker sich gegenseitig nicht trauen?«, geht der Witz: »Ganz einfach: Sie kennen sich.«

Sind Banker also gieriger und skrupelloser, mithin böser als andere Leute, Herr Jain? »Alle Menschen können manchmal böse und gierig sein«, antwortet Anshu Jain 2010 in einem Fernsehinterview: »Aber der allgemeine Konsens, dass das eine Charaktereigenschaft von Bankern sei, ist übertrieben.«

Um Leute wie Jain ist es in diesen Tagen ziemlich einsam. »Die Banken sind in Ungnade gefallen«, räumt er ein. Sein Kompagnon Jürgen Fitschen beklagt, dass der »soziale Kontrakt zwischen Bankern und Gesellschaft zerbrochen« sei. Und gemeinsam geloben sie: »Wir müssen Vertrauen zurückgewinnen.«

Aber so einfach kommen sie nicht davon. Der Wunsch, Banker – notfalls irgendwelche – hinter Gitter zu bringen, ist groß. Staatsanwälte fahren mit Blaulicht vor, wobei es ihnen nur selten gelingt, Einzelnen strafrechtliche Taten nachzuweisen. Die Versuchung der Kriminalisierung ist in der Regel größer als das tatsächliche Vergehen.

»Auch vier Jahre nach dem großen Crash wurde in Amerika noch immer kein Banker zur Verantwortung gezogen«, klagen Kommentatoren, wenn wieder einmal ein Verfahren eingestellt wird: Die Justiz stößt mit der Aufarbeitung der Finanzkrise an ihre Grenzen. Den einen Missetäter, der uns das alles eingebrockt hat, gibt es nicht. Von Verschwörungstheorien ist generell abzuraten.

Gewiss, die Banken haben ihren Anteil an der Misere: Unnütze Produkte, falsche Anreize, unbändige Risikolust, unsägliche Gier und Gaukelei, all das müssen sie sich vorhalten lassen. Schuldige aber bieten sich ein paar mehr an:

- Fahrlässige Notenbanker mit ihrer Politik des billigen Geldes. Die niedrigen Zinsen haben die Risikoprämie verringert und die Spekulation damit erst richtig angeheizt.
- Naive Ratingagenturen, bezahlt von den Banken, haben zu großzügig Bestnoten für ebenjene Papiere vergeben, die sich hinterher als Schrott herausgestellt haben.
- Die allzu lasche Finanzaufsicht hat zugelassen, dass ein unregulierter Schattenbanksektor entstand, wohin die Risiken ausgelagert wurden.
- Und dann war da noch die Sozialpolitik in Amerika, die es darauf anlegte, jedem ein Haus zu verschaffen, selbst wenn der Kredit dafür nie würde zurückgezahlt werden – dieses Verhalten hat die ganze Maschinerie erst ins Laufen gebracht.

Der Hass auf die Banker ebbt freilich nicht ab, solange sie ständig mit dem nächsten Aufreger um die Ecke kommen. Hier eine Auswahl allein aus der Skandalsaison Frühjahr/Sommer 2012: Eine Clique von Händlern, Jains Londoner Gefolgsleute mittendrin, hat offenbar den Interbanken-Zinssatz Libor, also den Preis fürs Geld, manipuliert – ein Betrug zulasten der Sparer auf aller Welt, da

Anlagen über Hunderte von Billionen Euro sich nach dem Libor bemessen. Ein ernster Vorgang, räumt selbst Anshu Jain ein.

Zuvor hatte sich Morgan Stanley mit dem verhaspelten Börsengang von Facebook blamiert: Investoren, die Mark Zuckerbergs Aktie gezeichnet hatten, machen die Investmentbank für ihre Verluste verantwortlich.

Oder der Fall J. P. Morgan: Die Investmentbank, die ziemlich ungeschoren durch die Krise kam und von der es hieß, sie habe ihre Risiken im Griff, verzockt mehrere Milliarden Dollar mit komplexem Derivategeschäft; nicht nur ein finanzielles Debakel, sondern extrem rufschädigend für die Bank.

Nicht jeder Fehltritt taugt freilich zum Skandal. Nicht jeder Verlust speist sich aus krimineller Energie. So eingeübt aber sind mittlerweile die Anti-Banker-Reflexe, dass nur selten genauer hingeschaut und unterschieden wird: Wo sind Ganoven am Werk, wo schlicht Versager, Stümper, die eine Bank in den Ruin wirtschaften? Das Strafrecht hilft nur gegen Ganoven, es schützt nicht vor Unfähigkeit.

Erleidet ein Industriekonzern einen Milliardenverlust, ist dies traurig, schlimmstenfalls ein Fall von Missmanagement. Passiert dies einer Bank, wünscht man ihr den Gendarmen an den Hals, begleitet vom allfälligen Seufzen über das »Casino, das schon wieder geöffnet« hat. Gerade so, als gäbe es irgendein Geschäft auf der Welt, das unter vollständiger Sicherheit abzuwickeln wäre. Jeder Salathändler auf dem Wochenmarkt weiß am Morgen nicht, wie viel der Ware am Abend verkauft sein wird und wie viel verdirbt.

»Wer das Risiko verbieten will, schafft die Marktwirtschaft ab«, warnt deshalb Jürgen Fitschen, als er mit Studenten auf dem Frankfurter Campus über die Lehren der Krise diskutiert. Nur eines sollte nicht noch mal passieren, da sind sich Vorstand und Nachwuchs einig: dass der Staat die Banker raushaut – darin besteht der eigentliche Skandal.

»Jeder soll so viel wetten, wie er mag«, sagt Fitschen, »er darf nur nicht nach dem Steuerzahler rufen.« Gewinne an mich, Verluste an den Rest – dieser Trick funktioniert nicht ewig, irgendwann rebellieren die Geschröpften. Und das zu Recht.

»Hunderte Milliarden gingen auf der ganzen Welt drauf, um die Banken zu retten«, rechnet Oliver-Wyman-Berater Gerhard Schröck vor. Solche Zahlen sind es, die den Zorn auf die »Boni-Banker« befeuern. Auf die »exquisit gekleideten Plutokraten, die ihren Wohlstand Staatsgarantien verdanken«, schimpft Paul Krugman, immerhin Nobelpreisträger für Ökonomie und einer der Anführer der amerikanischen Linken. Von einem »harten Verteilungskampf zwischen Steuerzahlern und Finanzindustrie« spricht der Hannoveraner Finanzprofessor Stefan Homburg, ganz gewiss kein Linker.

Der Zorn der Realwirtschaft mag vom Neid auf die horrenden Gehälter im Finanzdistrikt gefüttert sein, auch ist die Dämonisierung der Investmentbanker überzogen (klüger wäre es, sie als das zu nehmen, was sie sind: simple Dienstleister). Der eine, entscheidende Punkt aber sticht: Verzockt sich ein Schrauben- oder Minirock-Produzent, und sei es nur, weil er den Geschmack der Saison nicht trifft, dann steht er selbst dafür gerade, wenn es schiefgeht, und nicht der Steuerzahler. Diese Tradition ist unbedingt auch im Finanzdistrikt wieder einzuführen.

Nun ist die Deutsche Bank zu Recht stolz darauf, kein Geld vom deutschen Staat genommen zu haben (im Gegensatz zur gestrauchelten Commerzbank etwa). Zu einem reinen Gewissen berechtigt das keineswegs. Das gibt selbst Anshu Jain zu: »Fraglos haben wir, wie andere Marktteilnehmer auch, von den systemischen Maßnahmen profitiert.«

Beispiel AIG in Amerika: Von der staatlichen Kapitalspritze für die größte Versicherung der Welt floss mehr als ein Viertel direkt an Banken weiter; vorneweg an Goldman Sachs, Merrill Lynch und eben die Deutsche Bank. Reue und Demut sind deshalb gefordert. Die liefert Jain, indem er sich – wie schon Vorgänger Josef Ackermann – als »Diener der Realwirtschaft« empfiehlt: »Investmentbanker, genau wie Regulierer und Regierungen, müssen akzeptieren, dass einige ihrer Aktivitäten zur Krise beigetragen haben.«

Bedeutet das, die Doppelspitze wird das Rad zurückdrehen und zurückkehren zur braven Kredit- und Sparbuchbank? Ganz sicher nicht, die Deutsche Bank will schließlich mitspielen an der Weltspitze, dazu braucht es ein schlagkräftiges Investmentbanking. Der Weg dahin ist unumkehrbar, daran ändern auch keine geläuterten Reden etwas, zumal sie erkennbar dem öffentlichen Druck geschuldet sind. Und da das Investmentbanking seit jeher stark schwankt, abhängig vom ökonomischen Umfeld, wird es auch mal wieder deftige Verluste geben. Darauf lässt sich jetzt schon wetten. Auf die Gewinne in den guten Jahren wird die Deutsche Bank aber kaum verzichten, und die Defintion, was exotisch oder übetrieben gefährlich ist, hängt am jeweiligen Zeitgeist. Ein Investmentbanking mit der Sicherheit eines Postsparbuches aber gibt es nicht, dessen Verzinsung wäre Jain auch zu wenig.

Gefragt, welches Ziel ihn treibt, sagt Jain, er wolle dafür sorgen, dass die Deutsche Bank dem deutschen Steuerzahler nicht zur Last fällt. Den Bauch voller Kreide, lobt der Inder neuerdings fortwährend den deutschen Mittelstand. Und sein Co-Chef Fitschen schreibt Essays zum Wertewandel. Tenor: Die Finanzindustrie hat gesündigt. Die Kultur muss sich ändern. Und die Deutsche Bank marschiert dabei voreweg. Das behauptet zumindest Anshu Jain: »Wir haben den Eigenhandel geschlossen, ebenso unsere Private-Equity-Investments auf eigene Rechnung. Den Handel mit exotischen Derivaten haben wir deutlich reduziert, das Gleiche gilt für das Verbriefungsgeschäft.«

Da stellt sich die Frage: Was tun die Investmentbanker eigentlich den ganzen Tag?

Von Händlern und Haudegen

Das Leben der Investmentbanker spielt sich jenseits der gut ein-
sehbaren Schalterhallen ab. Das regt natürlich die Fantasie an. Als
»Masters of the Universe« tauchen sie im *Fegefeuer der Eitelkeiten*
auf, dem Buch von Tom Wolfe, das erfolgreich verfilmt wurde. Die
Realität klingt nüchterner. »Investmentbanker sind nichts anderes
als Menschen, die Unternehmen helfen, an Kapital zu kommen«,
hilft der Frankfurter Bankenprofessor Michael Grote bei einer ersten, groben Definition. Will eine Firma wachsen, braucht sie Geld:
Das erhält sie an der Börse, von Leuten, die dann Miteigentümer
der Firma werden, oder von Gläubigern, die ihr das Kapital leihen.
Dazwischen steht der Investmentbanker als Vermittler, der daran
verdient. So weit, so gut, so weit, so harmlos. Doch das kann nicht
alles sein.

Wir besuchen ein besonders ausgebufftes Exemplar von Investmentbanker: Gary Cohn, Jahrgang 1960, ein bulliger Glatzkopf,
zuletzt 13 Millionen Dollar Jahresverdienst als zweiter Mann von
Goldman Sachs.

Das Bankhaus, im Jahr 1869 gegründet, gilt noch immer als
Maß aller Dinge – gerissener, beneideter und verhasster als der
Rest der Branche: Eine »große blutsaugende Krake«, schrieb Matt
Taibbi nach der Lehman-Pleite im *Rolling Stone*, die »sich um das
Gesicht der Menschheit gewickelt hat und den Saugrüssel hemm-
ungslos in alles hineinstößt, was nach Geld riecht«. Wie teuf-
lisch sind also Männer wie Cohn? Der Amerikaner lacht herzhaft
über diese Frage, ein Kraftpaket, von keinerlei Selbstzweifeln ge-
plagt: »Wir helfen doch nur Unternehmen zu wachsen.«

Der Haudegen könnte ein Occupy-Camp alleine wegräumen,
diese Typen verputzt er mit seinen Argumenten zum Frühstück
wie weiland Obelix die Römer – wenn ihn die Juristen und Pres-
seleute seiner Firma nur ließen. Doch die verdonnern Cohn zu
Sanftmut. Das ist eine harte Strafe für diesen Mann. Aber Gold-

man Sachs hat genug Ärger am Hals – es gibt einige Prozesse und Klagen. Und diese verdanken sich dem Teil der Investmentbank, den es jenseits des klassischen Geschäfts eben auch gibt und aus dem Cohn kommt, dem Bereich der Händler, Verbriefer, Analysten. Klassisches Investmentbanking bedeutet in diesem Zusammenhang: die bereits erwähnten Dienstleistungen für Unternehmen, die Beratung bei Firmenkäufen und Fusionen (M&A), Börsengängen und Aktienemissionen – einst die Königsdisziplin der Investmentbanker. Ein Paradebeispiel für diesen Bereich ist in Deutschland Alexander Dibelius, ebenfalls bei Goldman Sachs, ein gelernter Herzchirurg, extrem ehrgeizig, extrem gut vernetzt: Bei Daimler-Chrysler hat er einst mitgefingert, bei fast allen anderen aufsehenerregenden Übernahmeschlachten in Deutschland auch. Von diesem Bereich zu unterscheiden sind die Investmentbanker im Handelssaal: Typen wie Gary Cohn, der dort seine Karriere begonnen hat, oder auch Anshu Jain. Interne Gegner benutzen das als ein Argument gegen den Inder: »Anshu ist halt ein Händler.« Und einem Händler kann man nicht trauen, heißt das übersetzt. Händler oder Trader sind die am heftigsten angefeindeten Banker, »da ihre Tätigkeit gewöhnlich keinen direkten Nutzen für die Gesellschaft erkennen lässt«, wie der amerikanische Star-Ökonom Robert Shiller schreibt: »Sie kaufen und verkaufen nur und versuchen, selbst daran zu verdienen. Ihre Aktivitäten erinnern häufig an das Glücksspiel – und die Erfolge herausragender Trader erregen mitunter Unmut.«

Die Investmentbanker im Handelssaal (im Fall der Deutschen Bank vor allem in London in der Great Winchester Street) bekommen das Tageslicht ebenso wenig zu Gesicht wie das Börsenparkett. Die Märkte funktionieren elektronisch. Ein, zwei oder gar drei Bildschirme sind das Handwerkszeug der Trader. Anders als ein Fondsmanager, der das Geld seiner Anleger auf Jahre hinaus verwaltet, stehen Händler in jeder Minute des Tages im Risiko.

Im Handelssaal der Deutschen Bank: Die Trader jagen Milliarden
um den Globus

Der amerikanische Bestsellerautor Michael Lewis hat in seinem ersten Leben in einer Bank beide Spezies der Investmentbanker erlebt: Da gibt es zum einen die klassischen M&A-Typen, mit Sekretärin, dickem Spesenkonto, großem gläsernem Büro, die sich mit Industriekapitänen treffen, ihnen bei der Beschaffung von Kapital helfen oder in Übernahmeschlachten beistehen: »Ein gediegener und weltabgewandter Ort, verglichen mit den Händlern im Händlersaal, die jeden Tag bereit sind, einem Bären den Arsch abzubeißen«, so schreibt Lewis in *Wall Street Poker*.

Da die M&A-Spezialisten kein Geld riskieren und es nur darauf ankommt, ob sie vom Kunden einen Auftrag bekommen oder nicht, werden sie von den Wertpapierhändlern als Feiglinge angesehen, schreibt Lewis: »lahmarschige, geschniegelte Typen mit magerem Gehalt«. Der Händler dagegen steht permanent im Feuer. Er muss den ganzen Tag lang feilschen, darauf ist er spezialisiert. Das tut er entweder für seine Kunden – professionelle Investoren – oder auf eigene Rechnung der Bank, im sogenannten Eigenhandel.

Ein Teil seiner Sachkenntnis besteht in dem Wissen, wie man andere übervorteilt. »Nur wer das versteht, kann überleben«, urteilt der Ökonom Robert J. Shiller. »Seine Professionalität verbietet es einem Trader, womöglich allzu offen über solche Dinge zu sprechen. In jedem Beruf entwickeln sich gewisse dunkle Geheimnisse über Verhaltensweisen, die zwar nicht eigentlich unmoralisch sind, doch vor Außenstehenden nur schwer zu rechtfertigen.« Trotzdem: »Wir brauchen solche Leute«, betont Shiller, »so wie wir Möbelhändler und Schrotthändler brauchen«. Der Finanzsektor sei trotz seiner Makel und Exzesse eine Kraft, die uns helfen kann, eine bessere, wohlhabendere und gleichere Gesellschaft zu schaffen: »Die Finanzwirtschaft war sogar ein zentraler Faktor für den Aufstieg reicher Marktwirtschaften in der Moderne«, führt der Ökonom aus. Die Frage ist nur: Wer büßt dafür, wenn es mal schiefgeht? Die Deutsche Bank zahlt für ihre Abenteuer erst einmal mit Kratzern am guten Ruf.

Das Risiko eines schlechten Rufs
Die Klagewelle gegen die Deutsche Bank

Für Feiertagsreden borgen sich Manager gerne eine Prise Moral beim guten alten Robert Bosch: »Lieber Geld verlieren als Vertrauen«, hatte der schwäbische Fabrikant einst gesagt. Im Fall der Deutschen Bank klingt die Variation dann so: »Kein Geschäftsabschluss ist es wert, dafür den guten Ruf der Deutschen Bank aufs Spiel zu setzen.«

Gemessen an diesem hehren Anspruch habe die Bank heute ganz schön viele Juristen am Hals, mokiert sich ein ehemaliger Aufsichtsrat des Konzerns. Er scheitert, als er versucht, all die Namen der Kläger und Prozesse zusammenzubringen, die mittlerweile aufgelaufen sind: Der amerikanische Staat liegt im Clinch mit der Bank, etliche Investoren schicken ihre Klagen hinterher, diverse deutsche Kommunen, die sich betrogen fühlen, wollen ihr Geld zurück. Mit den Erben von Filmhändler Kirch währt die Fehde vor Gericht mehr als zehn Jahre; das noble Bankhaus Metzler hat Klage wegen der Manipulation des Interbankenzinssatzes Libor angekündigt. Und immer geht es gleich um sagenhafte Summen.

»Die Aufwendungen für Prozesse und Vergleiche fressen ein Fünftel des Ergebnisses weg«, schimpft Ingo Speich, Fondsmanager der Union Invest. Investmentbanker bessern ihre Boni auf, indem sie ausreizen, was geht. Für den Schaden zahlt am Ende der Aktionär.

»Das rechtliche und regulatorische Umfeld, in dem sich der Konzern bewegt, birgt erhebliche Prozessrisiken«, heißt es dann in den offiziellen Berichten. Von einer »Flut von Schadenersatzklagen« spricht, weniger verklausuliert, Fondsmanager Speich. »Eventualverbindlichkeiten« von 2,5 Milliarden Euro weist die Bank unter dem Stichwort »Rechtsstreitigkeiten« aus, »zusätzlich zu den dafür gebildeten Rückstellungen«: Das sind noch mal ein paar Hundert Millionen Euro. Kurz: Es könnte teuer werden. Das Kapitel »Rechtsstreitigkeiten« in den Geschäftsberichten wird immer länger, ein halbes Dutzend eng bedruckte Seiten klären über die Risiken auf, die dem Konzern drohen. Und das alles, nachdem die Deutsche Bank bereits mehrere Hundert Millionen Euro für Vergleiche ausgegeben hat, um Ärger leise aus der Welt zu schaffen. Man ahnt es: Aus dem Stichwort »Reputationsrisiko« kann beträchtlicher Schaden für einen Konzern erwachsen.

Irgendetwas stimmt nicht mit der Kultur der Bank. Bei den Investmentbankern läuft etwas gründlich schief. Das räumt jetzt auch die Führung ein. »Es wird eines fundamentalen Kulturwandels bedürfen, um das Ansehen als Eckpfeiler einer modernen Gesellschaft wiederherzustellen«, heißt es in einem Brief des Aufsichtsratsvorsitzenden Paul Achleitner an die Belegschaft. Zu aggressiv gingen manche Investmentbanker offenbar ans Werk, bisweilen hart am Rand der Legalität. Unrechtsbewusstsein? Fehlanzeige. Dafür bezahlt die Bank jetzt.

Josef Ackermann hatte stets behauptet, die rechtlichen Auseinandersetzungen der Bank bewegten sich im normalen Rahmen, seien quasi unvermeidbar bei Konzernen dieser Größe: »Die Deutsche Bank ist nicht stärker in Rechtsstreitigkeiten verwickelt als vergleichbare Wettbewerber. Ganz davon abgesehen, dass ein Kläger ja nicht schon deshalb Recht hat, nur weil er Klage führt.«

So ganz stimmt das wohl nicht. Das entgegnen zumindest Investoren. Die Deutsche Bank trete sehr wohl skrupelloser auf als andere, sagen sie. Das rächt sich. »Das Prinzip der Nachhaltigkeit wurde vernachlässigt«, kritisieren diese Aktionäre, und dabei handelt es sich nicht um die üblichen Verdächtigen, die sich um die Ökobilanz von Konzernen sorgen und sie im Übrigen für alles Elend auf der Welt verantwortlich machen. Nein, so sprechen Erzkapitalisten wie Hans-Christoph Hirt, Manager der britischen Fondsgesellschaft Hermes, einer der wichtigsten Investoren in der Deutschen Bank wie in deutschen Großkonzernen überhaupt.

Leute wie er monieren, dass die Deutsche Bank in ihrem Feuereifer, zu den führenden Investmentbanken aufzuschließen, übers Ziel hinausgeschossen sei. Beim Umbau vom deutschen Kreditgeber zur globalen Investmentbank sei zu wenig auf »nachhaltige Wertschöpfung und die Reputation geachtet worden«, kritisiert Hirt. Auch wenn es aus den laufenden Rechtsstreitigkeiten nicht zu weiteren Schäden in Milliardenhöhe kommen sollte, so fürchtet er einen »nicht unbeträchtlichen Schaden« für den Ruf der Deutschen Bank.

Den Schuss hat das neue Management gehört und einen Kulturwandel versprochen. Es geht auch nicht anders. Zu viele Ungereimtheiten und handfeste Skandale haben sich angesammelt, die den Konzern in den Ruch einer Räuberbande gebracht haben.

Beispiel Libor: An diesen Interbankenzinssatz sind Finanzanlagen im Gegenwert von mehreren Hundert Billionen Euro in aller Welt gekoppelt, bis hin zum simplen Tagesgeld und zur Haushypothek: Praktisch jeder darf sich betrogen fühlen, wenn daran geschraubt wird. 16 Banken melden jeden Tag einer zentralen Stelle in London, zu welchem Satz sie sich Geld von anderen Banken borgen – daraus ermittelt sich dann der Libor. In den Jahren 2005 bis 2009 wurde dabei geflunkert, was das Zeug hält. Die Deutsche Bank zählt nicht zu den Drahtziehern, aber Mitarbeiter in London haben sich an diesen Manipulationen beteiligt, »toughe Nordafrikaner mit hohem Testosteron-Spiegel«, wie es in Frankfurt verharmlosend heißt, zur Stärkung der These von den Einzeltätern.

Zwei Händler wurden sofort rausgeworfen (und deren Bonus einbehalten), ein halbes Dutzend Banker wurde intern abgestraft. 34 Millionen Mails haben die Aufklärer durchgescannt, auch die Mails von Anshu Jain. Eine persönliche Verstrickung wurde nicht entdeckt, es war aber sein Verantwortungsbereich, in dem sich die Händler ausgetobt haben. Das Ganze hat sich fünf Hierarchiestufen unter Jain abgespielt, so wird betont: Doch wie weit trägt diese Argumentation? »Eine kleine Zahl von Mitarbeitern hat auf eigene Initiative Verhaltensweisen an den Tag gelegt, die nicht den Standards der Bank entsprechen«, sagt Aufsichtsratschef Achleitner. Wer aber kontrolliert, dass die Standards eingehalten werden?

»Sollte sich die Sache ausgerechnet in dem Bankbereich zu einem handfesten Skandal hochschaukeln, aus dem Jain stammt, könnte das seine weiteren Karrierechancen schmälern«, unkt bereits das *Wall Street Journal*. »Fraglich ist dann, ob er jemals zum alleinigen Vorstandschef der Deutschen Bank aufsteigen könnte, wenn der Vertrag seines Kompagnons Jürgen Fitschen in drei Jahren ausläuft.«

Sicher ist schon jetzt: Die juristische Aufarbeitung des Skandals wird einige Jahre beanspruchen (dafür wird nicht zuletzt die Klageindustrie in Amerika sorgen). Und der politische Druck auf eine striktere Regulierung der Bank wird durch das Thema weiter befeuert.

Beispiel Schrottpapiere in Amerika: Ein Bericht des amerikanischen Senats, 650 Seiten dick, nennt neben Goldman Sachs die Deutsche Bank als einen der Hauptschuldigen der Finanzkrise. Unter der Ägide von Anshu Jain hatten die Investmentbanker hochkomplexe Derivate gebastelt, sogenannte »Collateralized Debt Obligations« (CDOs) – damals der letzte Schrei. Es handelt sich dabei um Produkte, bei denen die Banker Risiken am amerikanischen

Hypothekenmarkt immer mehr verschachtelten. Die CDOs fußten jedoch auf Krediten, die sich hinterher als Schrott herausstellten. Noch schlimmer: Die Bank selbst hatte längst erkannt, dass die Immobilienblase platzen würde, und auf einen Crash gewettet.

Ihr eigener Händler, Greg Lippmann (inzwischen mit eigenem Hedge-Fonds unterwegs) lästerte intern schon im Jahr 2006 über den Müll (»crap«), der da in Derivate verpackt würde. Die Deutsche Bank habe minderwertige Anlagen aggressiv vermarktet, so der US-Bericht zur Finanzkrise, und das trotz des negativen Urteils ihres führenden Händlers, eben jenes Greg Lippmann. Die Investoren seien darüber im Unklaren gelassen worden, um die Maschinerie in Gang zu halten. Am Ende standen Milliardenverluste der Deutschen Bank und mehrere Milliardenklagen in Amerika. »Auch wir haben Dinge gemacht, die man im Nachhinein kritischer sehen sollte«, gab sich Josef Ackermann zum Abschied zerknirscht.

So richtig reingeritten in das CDO-Schlamassel hat den Konzern eine Firma namens MortgageIT, eine »schnell wachsende amerikanische Gesellschaft für Wohnimmobilienkredite«, wie es hieß, als die Deutsche Bank sie im Jahr 2007 gekauft hat. Das war ein schwerer Fehler, sagen Jain und Ackermann heute. Ein Zufall war die Verbindung jedoch nicht, auch wenn im Rückblick angeblich niemand so richtig darüber begeistert war. Damals klang das anders. Der Kauf verbessere »unsere weltweit führende Position im Wertpapierverbriefungsgeschäft«, sagte Ackermann, Jain schwärmte vom »signifikanten Geschäftspotenzial.«

Dahinter steckte eine Strategie. »An den nordamerikanischen Märkten setzte die Deutsche Bank ihre Expansion fort«, lobt sich der Konzern 2004 im Geschäftsbericht: »In gewinnträchtigen Bereichen, zum Beispiel bei durch Forderungen und gewerbliche Hypothekendarlehen besicherten Wertpapieren (Asset-backed und Commercial Mortgage-backed Securities) sowie bei hochverzinslichen Anleihen und Derivaten, besetzten wir Führungspositionen.« Im Jahr darauf brüstet man sich wie folgt: »Unsere Position als einer der ersten drei Anbieter im globalen Geschäft mit durch gewerbliche Hypothekendarlehen besicherten Wertpapieren (CMBS) und durch Immobilien unterlegten CDOs (Collateralized Debt Obligations) konnten wir im Berichtsjahr festigen.« Eine »herausragende geschäftliche Basis bei komplex strukturierten Produkten« habe die Deutsche Bank erarbeitet: »In diesem Marktsegment sehen wir eine weiterhin hohe Wachstumsdynamik und attraktive Margen.« (Finanzbericht 2005, Seite 42)

Wohl wahr: Zwei, drei Jahre hat es sich für die Investmentbanker gewaltig gelohnt, dann passierte die Lehman-Pleite. Und die Deutsche Bank steckt bis heute tief drin im juristischen Sumpf. Die Immobilienkrise wirkt nach.

Beispiel Zinswetten: »CMS Spread Ladder Swap« – so hieß die Wunderwaffe zur »Zinsoptimierung«, ein zweifelhaftes Zinsderivat, welches die Deutsche Bank nicht an Privatleute, aber reihenweise an Mittelständler und Kämmerer von Kommunen vertickt hat. In Wirklichkeit handelt es sich dabei um nichts anderes als um eine komplizierte Wette, ein »von der Bank konstruiertes Glücksspiel«, wie es eines der vielen Gerichte ausdrückte, die damit befasst waren: Erst kam es die Anleger teuer, da in der Realität eintrat, was im Prospekt nur als hypothetisches Risiko vermerkt war: »theoretisch unbegrenzte« Verluste. Dann blutete die Deutsche Bank: Richter bis hoch zum Bundesgerichtshof (BGH) verurteilten sie zu Schadenersatz, weil die Bank »ihre Pflichten bei der Beratung verletzt« habe.

All dies im Hinterkopf, gibt Anshu Jain nun den Geläuterten. »Wir haben unsere Lektionen gelernt«, sagt er. »Wir haben unsere Risiken reduziert und unsere Kapitalausstattung verbessert.« Doch die größte Herausforderung, so viel weiß er, steht noch bevor: »Wir müssen unseren Vertrag mit der Gesellschaft erneuern.« Das heißt auch: Er muss etwas ändern an den Anreizen und Boni seiner Investmentbanker. »Denn dauerhafter Erfolg ist für Unternehmen nur möglich, wenn eigener Vorteil, Kundennutzen und gesellschaftliche Akzeptanz Hand in Hand gehen«, schreibt Jürgen Fitschen in einem Essay über die Sünden der Finanzindustrie.

Der Angriff auf die Boni
Die Aktionäre rebellieren

Frankfurt-Dornbusch, ein frühsommerlich warmer Abend Ende März 2012: Vor der Schranke zur Auffahrt in die Bundesbank stauen sich die Limousinen der einschlägigen Marken, im Fonds Männer im Anzug. Die Atlantik-Brücke, ein nobler Verein zur Förderung von Geschäften und Freundschaft zwischen Deutschland und Amerika, hat geladen. Um die Krise soll es gehen, mal wieder. Um Staatsschulden und den Euro. Der Stargast heißt Mario Draghi, der Italiener und ehemalige Investmentbanker, der jetzt als Präsident der Europäischen Zentralbank die Währung hütet. Der Saal ist voll bis auf den letzten Platz.

Alle sind gespannt auf die nächste Runde im Schlagabtausch mit den deutschen Notenbankern; mit Jens Weidmann, dem noch immer jugendlichen Bundesbank-Präsidenten, der aus dem Kanzleramt nach Frankfurt gewechselt ist, sowie diversen Altvorderen, denen das Rettungswesen der EZB höchst suspekt ist. Helmut Schlesinger sitzt in der ersten Reihe, ebenso Hans Tietmeyer und Jürgen Stark – ein Held in diesen Kreisen, seit er als EZB-Chefvolkswirt hingeschmissen hat, da er die Hand nicht mehr heben wollte für einen Kurs, der seiner Ansicht nach ins Verderben, also die Inflation, führt: Unter Draghi kauft die Europäische Zentralbank für Hunderte Milliarden Euro Staatsanleihen und finanziert somit die Schulden der klammen Südländer – so war das nicht gedacht im Maastricht-Vertrag, wird Draghi attackiert. Der Italiener aber scheut an diesem Abend den Konter, beschwört die deutschen Tugenden der Geldpolitik, Stabilität und Disziplin, um dann unvermittelt auszuteilen gegen die Gäste aus dem privaten Finanzsektor.

Die Banken bräuchten mehr Kapital, führt er aus und greift frontal die Boni-Banker an. »Kürzt die Bonuszahlungen«, fordert der EZB-Präsident, der selbst bei seinem Wechsel von Goldman Sachs zur Notenbank auf gehörig viel Geld verzichtet hat. Außerdem sollen die Aktionäre leiden: »Schüttet keine Dividende aus.« Nur so kämen die Banken wieder zu Kräften, also zu Eigenkapital.

Verdienen die Investmentbanker also zu viel, wie Draghi moniert?

Ja, sagen die Aktionäre diverser Banken in den Wochen nach Draghis Rede. Reihum revoltieren die Investoren, stimmen auf Hauptversammlungen gegen die üppige Vergütung. Tenor: Die Boni müssen runter!

Ja, sagt Ex-Deutsche-Bank-Chef Josef Ackermann, »die Gehälter sind teilweise über das vertretbare Maß hinausgeschossen.«

Ja, sagt Andreas Dombret, früher in Diensten einer amerikanischen Bank, heute im Vorstand der Deutschen Bundesbank, »immer noch werden viele Banker in unangemessener Weise bezahlt.« Mehr noch als die absolute Höhe der Gehälter stört ihn die Art und Weise, wie sich die Vergütung berechnet – immer noch zu wenig am langfristigen Erfolg orientiert.

Nach dem Lehman-Kollaps hat sich die Erkenntnis durchgesetzt, dass das bisherige Boni-System die Krise befeuert hat: Kurzfristiger Gewinn wurde belohnt, die Risiken von übermorgen ausgeblendet. Darauf haben die Banken, unter dem Druck der internationalen Politik, reagiert: Gemäß einer Studie der Branchenvereinigung Association for Financial Markets in Europe sank die durchschnittliche variable Entlohnung bei global tätigen Investmentbankern zwischen 2007 und 2011 um 55 Prozent. Gleichzeitig stiegen die Fixgehälter um 37 Prozent. Darben muss deswegen keiner, auch wenn unterm Strich ein Minus bleibt und gleich das Jammern beginnt. »Da quält man sich 12 Monate den Berg hoch«, mault ein Investmentbanker über die gestutzte Prämie, »und dann stellt sich am Gipfel heraus: Da wartet gar kein Schatz.«

Die glorreichen Tage sind fürs Erste vorbei, bestätigt der Frankfurter Headhunter Friedrich-Wilhelm Graf von Pfeil, Partner der Personalberatung Korn-Ferry und zuvor selbst zwei Jahrzehnte Investmentbanker. Zehntausende seiner ehemaligen Berufsgenossen verlieren ihren Job: Nicht nur die Deutsche Bank, fast alle drehen das Rad zurück: »Stellen werden massiv gestrichen, die Gehälter sinken.«

Ob in New York, London, Zürich oder Frankfurt – überall, zu jeder Zeit geschieht es, dass Spitzenkräfte zum Personalchef gebeten und mit ein paar Floskeln (»We will treat you with respect«) aus der Bank befördert werden.

Mitleid haben diese Leute eher wenig zu erwarten. Der »Boni-Banker«, dieser Gierhals, bleibt der Buhmann. Die Scharfrichter in Talkshows und an echten Stammtischen wüten noch immer, die Investmentbanker kämen zu oft ungeschoren davon. Dabei sind im Bankenviertel Tristesse, Heulen und Zähneklappern zu besichtigen (wenn auch auf Porsche-Niveau). Der Occupy-Protestler, vom amerikanischen Magazin *Time* zur »Person des Jahres 2011« erhoben, hat zumindest diesen Erfolg: Die Boni werden weniger, die Investmentbanker auch.

1500 von ihnen schickt Anshu Jain, kaum im Amt, im Juli 2012 nach Hause. 75 000 Stellen insgesamt könnten in den kommenden fünf Jahren weltweit wegfallen, prognostizieren die Berater von Roland Berger in einer im Juli 2012 veröffentlichten Studie. Das wären 15 Prozent der gegenwärtigen Belegschaft, da sich auf der Welt etwa eine halbe Million Menschen als Investmentbanker verdingen. Die Gründe sind bekannt: anhaltende Staatsschuldenkrise, intensiverer Wettbewerb, strengere Vorgaben für Kapital und Liquidität, Stichwort »Basel 3«: Das internationale Reformwerk schreibt, als Reaktion auf die Finanzkrise, schrittweise höhere Eigenkapitalquoten vor; all das drückt auf die Profitabilität, das zwingt zu »Kosteneffizienz und Konsolidierung« – Wirtschaftsdeutsch für: Die Banken bauen Personal ab.

»Wenn die Rentabilität sinkt, wird nicht mehr an den Boni geschraubt – es wird entlassen«, stellt Kian Abouhossein, Bankenspezialist von J. P. Morgan, fest. Das ist aus seiner Sicht eine unbeabsichtigte Folge der geänderten Entlohnung: Da weniger Boni und mehr Festgehalt gezahlt wird, sehen sich die Banken schneller gezwungen, in Zeiten rückläufiger Erlöse Leute vor die Tür zu setzen. Statt über den Preis (Löhne runter!) wird zuerst über die Menge reagiert (weniger Stellen).

Auf mittlere Sicht aber werden die Marktkräfte – sinkende Nachfrage nach Bankern bei großem Angebot – auch die Grundgehälter nach unten drücken. Die Investmentbanker vollziehen nach, was die Bankeigentümer, also die Aktionäre, schon hinter sich haben. Von denen ist schon lange niemand mehr glücklich geworden. Im Finanzdistrikt wurde ziemlich viel Wert vernichtet.

Viele Gründe werden von Bankenkritikern angeführt, die Banker zu verteufeln. Viele davon sind halbgar, geradezu töricht ist jener, dass die Investmentbanker nur den »Shareholder Value« im Blick hätten. »Wenn dem doch nur so wäre«, seufzt so mancher Kleinaktionär.

Beispiel Deutsche Bank: Wer im Jahr 2002, zum Amtsantritt von Josef Ackermann, Aktien von Adidas, BASF oder Linde gekauft hat, hat den Einsatz in zehn Jahren mehr als verdoppelt. Mit Aktien der Deutschen Bank ging mehr als die Hälfte verloren. Vom Elend mit der Commerzbank oder den diversen Instituten, die den Geschäftsbetrieb ganz eingestellt haben, ganz zu schweigen: Haus und Hof wären verspielt.

Wer nach ökonomisch schlüssigen Argumenten für seinen

Bankerhass sucht, findet diese auf der schiefen Ebene zwischen Eigentümer und Angestellten: Die Eigner verarmen, während die angestellten Banker reich und reicher werden. Anders formuliert: Der Gutsverwalter beutet den Gutsherren aus. »Nirgendwo außerhalb der Banken hat sich Karl Marx durchgesetzt: Die Werktätigen haben die Eigentümer enteignet«, spottet ein Frankfurter Personalberater (der freilich selbst ganz gut von den hohen Gagen lebt).

»Stimmt es also, dass die Banker ihre Herren, die Aktionäre, ausbeuten?«, fragen wir eine Spitzenkraft in der Deutschen Bank. »Eine infame Unterstellung – aber fein beobachtet«, antwortet der Topbanker, ein lustiger Millionen-Jongleur, der seinen Zynismus selbstredend nur anonym äußert.

Fakt ist: Die Gehälter in der Finanzwirtschaft sind in den letzten Jahrzehnten drastisch gestiegen. An der Wall Street summieren sich die Topgagen auf mehr als 100 Milliarden Dollar im Jahr. Zum Teil, aber eben nur zum Teil, erklärt sich dies durch die veränderte Zusammensetzung der Belegschaften: Mit den Anforderungen ist das Bildungsniveau gestiegen; so haben heute mehr als 80 Prozent der Mitarbeiter der Deutschen Bank Abitur, mehr als 64 Prozent sind Akademiker.

Investmentbanken brauchen keine Fabriken, nicht mal Schalterhallen, erst recht keine Lager und nur wenige Maschinen, abgesehen von ihren Computern. Der wesentliche Produktionsfaktor ist der Mensch – damit rechtfertigen Bank-Chefs wie James Dimon (J. P. Morgan) den hohen Anteil des Personals an den Gesamtkosten. Banking sei nun mal »Peoples' Business«, ähnlich wie bei Juristen, Beratern, Werbern und Journalisten. Und überall, wo der Geist der ausschlaggebende Rohstoff ist, werden die Mitarbeiter, verglichen mit den anderen Kostenblöcken, höher bezahlt.

Tatsächlich frisst nirgendwo die Bezahlung der Angestellten so viel vom Ertrag wie bei den Banken – gemessen an allen anderen börsennotierten Firmen. Ein Vergleich der *Financial Times* im Frühjahr 2012 quer über die 13 größten Banken zeigt ein aus Aktionärssicht erschreckendes Ergebnis: In den Jahren von 2006 bis 2011 ist der Anteil der Dividende praktisch überall gesunken, das Personal reißt sich immer mehr unter den Nagel. Im Fall der Deutschen Bank gehen demnach 73 Prozent des Nettoprofits an die Mitarbeiter, ganze 4 Prozent werden als Dividende ausgeschüttet, 23 Prozent verbleiben in der Konzernkasse. Zum Vergleich die Zahlen aus dem Jahr 2006: 12 Prozent Dividende, 67 Prozent Personal.

Die Stars unter den Investmentbankern hätten das Gehaltsniveau in den Banken insgesamt verdorben, sagt ein Vergütungsexperte: »Wenn ein simpler Händler vier Hierarchiestufen unter Anshu Jain mehr verdient als der Geschäftsführer eines Mittelständlers, der für ein paar Tausend Mitarbeiter Verantwortung trägt, läuft etwas schief.«

Zwischen 2000 und 2010 haben sich laut einem Untersuchungsbericht des britischen Parlaments die Bonuszahlungen ans Topmanagement in den Banken mehr als verdoppelt, während der Ertrag je Aktie um 32 Prozent gefallen ist – ein Umstand, der besonders Topmanager aus der Industrie ärgert: »Wir halten die Kosten möglichst gering, damit möglichst viel übrig bleibt: an Gewinn und damit an Ausschüttungen für die Aktionäre«, sagt ein Chemie-Vorstand. »Banker denken grundsätzlich anders: Die maximieren ihr Gehalt, und falls dann noch etwas übrig bleibt, ist das der Gewinn.«

Das ändert sich nun: Die Investoren revoltieren. Vier stattliche Finanzkonzerne haben den Zorn im Frühjahr 2012 zu spüren bekommen: Bei der Citigroup sahen 55 Prozent der Aktionäre nicht ein, dass CEO Vikram Pandit angesichts der mageren Ergebnisse 15 Millionen Dollar einstreicht. Auch bei Credit Suisse, UBS und Barclays weigerte sich zwischen einem Drittel und der Hälfte der Eigentümer, die Vergütungsberichte abzusegnen.

Der Protest richtet sich nicht gegen einzelne »fat cats«, wie die

Abstauber im Management im Angelsächsischen genannt werden, sondern gegen das generelle Missverhältnis von Bezahlung und Leistung. »Banken können nicht länger das Prinzip ›pay for performance‹ ignorieren, ohne dafür bestraft zu werden«, schreibt Patrick Jenkins im Frühsommer 2012 in der *Financial Times*.

Mit Neid hat dies wenig zu tun. Hohe Gehälter genießen in diesen Kreisen der Aufrührer eine hohe Akzeptanz: Die schärfsten Angreifer auf die Boni-Banker sammeln sich in den Hochburgen des angelsächsischen Kapitalismus – weit weg von ostdeutschen Linken, die in sozialistischer Tradition alles wegsteuern wollen, was jenseits von 40 000 Euro Monatsgehalt liegt.

Mehr als jeder Gipfel-Appell von Staatsmännern zeigen die Proteste der Großinvestoren Wirkung. Das ist auch im Fall der Deutschen Bank so, die von ihren Aktionären auf der Hauptversammlung mehrfach abgewatscht wurde. »Der Bonuspool wurde 2011 um 17 Prozent reduziert«, erklärte Josef Ackermann zum Abschied. Die Vergütung sei »noch enger mit den langfristigen Interessen unserer Aktionäre verknüpft, indem ein größerer Teil aufgeschoben gewährt und über mehrere Jahre gestreckt wird.« In Momenten des Selbstzweifels fragte sich selbst Ackermann, ob es einzusehen ist, dass sein Bruder, der Medizinprofessor, so viel weniger verdient als die jungen Männer im Londoner Händlersaal – ist ein Arzt so viel weniger wert als ein Investmentbanker?

Die Grübelei des Deutsche-Bank-Chefs endete stets an den Marktgesetzen: Am Ende ist jeder Lohn eine Frage von Angebot und Nachfrage. »Im Kampf um die besten Talente mussten solche Boni bezahlt werden«, sagt der Schweizer. Und so verdiente ein Anshu Jain in manchen Jahren eben ein Vielfaches dessen, was sein Boss Josef Ackermann mit nach Hause nahm – und der kam während seiner Amtszeit schon insgesamt auf etwa 100 Millionen Euro.

Ist das zu viel? Ja, sagt nun selbst Jain, von dem man Kritik an Bankergehältern als Letztem erwarten würde. Der Inder geht in seiner Kritik noch ein paar Schritte weiter als sein Vorgänger. Die Gehälter in der Investmentbank müssen runter. Generell und auf breiter Front. Die Aktionäre haben ein Recht auf einen höheren Anteil. All diese Positionen vertritt Anshu Jain plötzlich. Woher dieser Sinneswandel? Ganz einfach: Die Umstände zwingen ihn dazu. Wenn er jemanden überzeugen will, Kapital in die Deutsche Bank zu stecken (was die strengere Regulierung fordert), muss er demjenigen etwas bieten: ein größeres Stück vom Gewinn, zulasten der angestellten Topverdiener im Konzern.

Außerdem kann ein Arbeitgeber es sich heute erlauben, die Trauben höher zu hängen: Es laufen inzwischen genügend Investmentbanker durch die Lande, dank neuen Ausbildungsgängen an den Hochschulen. »Früher mussten Konzerne in der angelsächsischen Welt Kompetenz einkaufen. Künftig ist die Finanzindustrie davon weniger abhängig«, sagt Ackermann. Es klingt so, als wäre er ganz froh darüber. Lange genug musste Kompetenz teuer extern besorgt werden.

Die Angelsachsen kommen
»The Deutsche« wird Investmentbank

Der Spätstart mit dem Kauf von Morgan Grenfell

Man muss es sich noch einmal in Erinnerung rufen: Mehr als 20 Banken aus aller Welt haben in den 1990er Jahren versucht, unter die fünf besten Investmentbanken vorzustoßen. Der Deutschen Bank ist es gelungen – als einzigem nichtamerikanischen Haus. Die Anfänge dieser Erfolgsgeschichte lassen sich zurückdatieren auf das Frühjahr 1989. Damals hat Alfred Herrhausen, Vorstandssprecher und Lichtgestalt der Deutschen Bank, zur Revolution geblasen. Der Finanzkonzern sollte fortan als Investmentbank gegen die Besten antreten. Das war der Plan. Die Berater von McKinsey und Roland Berger, die er ins Haus geholt hatte, hatten monatelang an der Strategie mitgewerkelt. Das angestammte Geschäft verhieß zu wenig Rendite, mit Sparbuch und Krediten allein war kein großes Wachstum zu generieren. Dieser Bereich ist in Deutschland ziemlich zementiert, aufgeteilt in drei Sektoren: Sparkassen, Genossenschaftsbanken und private Konzerne wie die Deutsche Bank. Große Sprünge sind da nicht zu machen, ganz anders verhieß es das Investmentbanking, auf das sich Herrhausen stürzte.

Kühn war der Anspruch nach außen, der nach innen eine neue Struktur verlangte: weniger Vorstände, entmachtete Regionalfürsten – bis dahin wahre Könige in ihrem jeweiligen Sprengel.

Entsprechend harsch fiel das Echo in der Organisation aus, bis hoch in den Vorstand. Von »immensen emotionalen Widerständen« berichtet der spätere Bank-Chef Rolf-E. Breuer: »Jeder war überrascht von der Krassheit des angestrebten Strukturwandels.«

Selbst eine Investmentbank-Einheit aufzubauen, schien für die Deutsche Bank unmöglich: Zu fremd war diese Welt für die Bank, in der von den obersten 1100 Führungskräften gerade einmal 100 Auslandserfahrung vorweisen konnten. In der Bank selbst fehlte es also an geeignetem Personal; hinzu kam, dass Deutschlands Universitäten zu jener Zeit keinen dafür ausgebildeten Nachwuchs ausspuckten.

Wer mitspielen wollte in dem Geschäft, musste sich darauf einlassen, musste sich zu einem gewissen Grad von außen eingekauften Investmentbankern ausliefern. Die Deutsche Bank hat es gewagt. Das Lob für den Mut gebührt den Vorstandssprechern von Herrhausen über Hilmar Kopper und Rolf-E. Breuer bis zu Josef Ackermann. Morgan Grenfell, Bankers Trust, Zurich Scrudder heißen die erworbenen Finanzfirmen. Der Weg zur globalen Investmentbank ist heute unumkehrbar.

Der erste Schritt dorthin war 1989 die Übernahme der britischen Investmentbank Morgan Grenfell, bis dahin der teuerste Kauf in der Geschichte der Deutschen Bank, eingefädelt vom Gespann Herrhausen/Kopper. Umgerechnet 2,7 Milliarden Mark, das Zwölffache des Morgan-Grenfell-Gewinns, haben die Deutschen dafür ausgegeben.

Bekommen haben sie ein Traditionshaus, wenn auch ein von Skandalen leicht zerzaustes. Der Leiter der Wertpapierabteilung war wenige Jahre zuvor des Insiderhandels überführt worden, auch andere Händler waren angeblich in unsaubere Geschäfte verwickelt. 1987 wird deshalb jeder zweite Direktor rausgeworfen, ehe Chairman John Craven den Wert von Morgan Grenfell binnen zwei Jahren verdoppelt und er nach der Übernahme, zur Belohnung, in den Vorstand der Deutschen Bank einzieht: ein extravaganter Brite, des Deutschen nicht mächtig, weswegen das Frankfurter Hauptquartier beschließt, fortan auf Englisch zu kommunizieren. Das gefällt nicht jedem.

Der interne Kulturkampf: London versus Frankfurt

Die Abstoßreaktionen in Frankfurt waren anfangs heftig, den Widerstand gegen die Eingliederung der Londoner Investmentbanker erklärt Rolf-E. Breuer wie folgt: »Scheu vor Neuem, auch Aversionen gegen zu Modernistisches, ein auf provinziellem Denken aufbauender Fremdenhass, Hass gegen das, was aus dem angelsächsischen, angloamerikanischen Wirtschaftskreis hier importiert werden sollte.«

Als die Deutsche Bank 1989 Morgan Grenfell kauft, prallen zwei völlig fremde Welten aufeinander: »Die Filialdirektoren, allesamt Honoratioren in ihren Regionen, wussten mit den Neuen nichts anzufangen«, erinnert sich ein Veteran.

Der kulturelle Kontrast war so scharf, dass man ihn mit bloßem Auge erkennen konnte: Schrille Typen traten da plötzlich auf, Dealbanker der harten Sorte, im Kontrast zu den Herren der Hochfinanz, stets »ein bisschen konservativer als notwendig, um als konservativ zu gelten«, wie der Chronist Hans Otto Eglau jene Generation beschreibt. Das Ego versteckt hinter der Uniformität des Standardaufzugs: »Einreiher mit Weste in gedeckten Bankierstönen von Mausgrau über alle feinen Nadelstreifen bis zu diversen Dunkelblauschattierungen.«

Mit den Investmentbankern zog ein völlig neuer Stil ein, vor allem ein anderes Denken. »Können wir diesen Leuten je die Kultur der Deutschen Bank beibringen?«, fragten Untergebene Hilmar Kopper. Dummes Gerede, entgegnete der. »Wir wollen ja gerade die neue Kultur einer Investmentbank.«

Neue Kultur hieß auch: neue, tüchtige Köpfe. Die aufstrebende Generation der High Potentials hatte die Bank zu der Zeit an modischere, besser bezahlende Firmen wie Goldman Sachs oder McKinsey verloren. »Für Leistungsträger, die Karriere machen wollten, war die Deutsche Bank vollkommen uninteressant«, schildert Buchautor Friedhelm Schwarz die Stimmung Anfang der 1990er Jahre: »Ein Adelstitel galt mehr als Fremdsprachenkenntnisse, und wenn es hart auf hart kam, wurde im Zweifelsfall lieber der ältere Kollege genommen als der bessere.« Eine Beamtenmentalität störte bis zu einem gewissen Grad nicht, urteilt Schwarz: »Die Ausbildung war die edle Alternative zur örtlichen Sparkasse.« Die Akademiker, die es in die Bank verschlug, waren häufig nur zweite Wahl.

Treu aber waren sie – und latent feindselig gegen die angelsächsischen Dynamiker, die jetzt auf den Plan traten.

Einmal, so hat Kopper es später erzählt, kam einer dieser jungen Typen zu ihm und hat ihm ins Gesicht gesagt: »Herr Kopper, wenn Sie Loyalität wollen, dann kaufen Sie sich lieber einen Hund.« Kopper fand das erfrischend aufrichtig.

Andere störten sich schon daran, dass man sich in der neuen Welt mit Vornamen ansprach. Und wenn die Angelsachsen von »relationship banking« reden, dann klingt das in den Ohren mancher Frankfurter noch immer wie der blanke Hohn: »Die schaffen es ja nicht mal, die Sekretärin länger als drei Monate zu halten, wie wollen sie dann von langfristigen Beziehungen mit Kunden reden?«

Abgesehen von den atmosphärischen Differenzen ticken die Investmentbanker anders: Das Geschäft läuft nach anderen Gesetzen, anderen Anreizen. Die Vergütungsstrukturen sind völlig andere, »krass gegensätzlich«, wie ein Deutschbanker sagt: »Die Boni-Kultur treibt zu Höchstleistungen an, kann aber auch im Bösen wirken in ihrer Kurzfristigkeit.«

Der Banker alter Schule verdient an der Treue seines Kunden. Dafür investiert er, denn je länger er ihn hält, desto besser. Ein Unternehmer hat seine Hausbank, manchmal vererbt über Generationen. Für Investmentbanker zählt der Augenblick: Sie haben eine eigene Mentalität, denken in einzelnen Deals, kämpfen einmal auf der Seite, dann auf der anderen.

Bis heute währt dieser Gegensatz zwischen Investmentbankern und klassischen Bankern, auch wenn diverse Programme zur Förderung der »One Bank Culture« aufgelegt wurden. Sie haben einiges abgemildert, verschwunden sind die Vorbehalte nicht, man geht nur geschäftsmäßiger damit um. »Lange trug der Konflikt fast religiöse Züge, man argumentierte in moralischen Kategorien«, berichtet ein Topbanker: »Good banker, bad banker.«

Inzwischen werden die Konflikte nüchterner ausgetragen, auch im Wissen um die Bedeutung der Investmentbanker für den Konzern: Sie liefern – von Ausnahmejahren abgesehen – die Gewinne, sie bestimmen Karrieren. Die Faustregel lautet: Wer sich den Londonern in den Weg stellt und nicht mitzieht, ist draußen.

Noch stets haben die Traditionalisten den Kürzeren gezogen. Man denke nur an den Sommer 1997, als sich im Vorstand ein »deutscher Block« gegen die Angelsachsen formiert: Carl-Ludwig von Boehm-Bezing, Jürgen Krumnow, Michael Endres. Alle drei müssen schließlich gehen. Breuer und Kopper stellen klar: Sie dulden keine Bremser. Die Investmentbanker sind froh. Obwohl sie noch nicht lange zur Deutschen Bank gehören, setzen sie ihre Strategie durch.

Der Pakt zwischen Josef Ackermann und den Investmentbankern

Ein Händedruck Anfang 1998 besiegelt den Pakt zwischen Josef Ackermann, zu diesem Zeipunkt neuer Vorstand der Deutschen Bank, und Edson Mitchell, dem legendären Anführer ihrer Londoner Investmentbanker: Du hilfst mir, ich helfe dir. Das ist die Abmachung. Ackermann, der Neuling von außen, braucht Unterstützer in der Bank. Mitchell wiederum verlangt ein klares Bekenntnis zum Investmentbanking, zu ihm und zu seinen Leuten (darunter Anshu Jain) – ansonsten sei er weg, so droht er. 24 Stunden gibt er den Deutschen, dann würde er einen Vertrag bei der Konkurrenz, konkret der Schweizer UBS, unterschreiben.

Ackermann alarmiert in Frankfurt die Aufsichtsräte, bittet um Rückendeckung in der brenzligen Lage. Mitchell berät sich in London mit zwei seiner Getreuen, die wie er von Merrill Lynch gekommen sind: Anshu Jain und William Broeksmit (der im Frühjahr 2012 als »Dr. No« eine gewisse Berühmtheit erlangen wird). »Geben wir Joe eine Chance«, verabreden die drei.

Am Ende steht der Deal: Die Investmentbanker erhalten mehr Einfluss und einen fetteren Bonuspool. Im Gegenzug stellen sie intern klar: Ihr Mann, ihr Garant ist Joe Ackermann – und nur der. »Ich habe den Investmentbankern das Gefühl gegeben, in der Deutschen Bank daheim zu sein«, erzählt Ackermann heute, der sich damals rasch die alleinige Zuständigkeit für die Londoner griff, von denen er hoffte, dass sie die Bank in eine neue Dimension tragen würden.

Als sich der Vorstand im Sommer 1998 in Fiuggi, außerhalb von Rom, mit den Top-Investmentbankern zur Klausur trifft, fordert Mitchell den nächsten Schub, einen Fanfarenstoß: Die Deutsche Bank solle das Investmentbanking ausbauen, einen amerikanischen Konkurrenten übernehmen. Mehrere Kandidaten werden angeschaut: Erst Lehman Brothers, dann Bankers Trust – und dort wird man handelseinig. Ein gewaltiger Brocken für die Deutsche Bank – sie nähert sich der Wall Street.

Mit Bankers Trust an die Wall Street

An der Schwelle zum neuen Jahrtausend wird die Deutsche Bank mit einem Schlag die größte Bank der Welt, gemessen an der Bilanzsumme: 795 Milliarden Euro. Für 17 Milliarden Mark, das Doppelte des Buchwertes, kauft Rolf-E. Breuer die New Yorker Investmentbank Bankers Trust: Damit ist der Weg in Richtung Investmentbanking unwiderruflich, mit allem, was dazugehört – horrende Gagen für das Spitzenpersonal etwa. Um Chairman Frank Newman zu halten, garantieren ihm die Deutschen ein jährliches Mindestgehalt von elf Millionen US-Dollar, dazu in den ersten drei Jahren eine Treueprämie von 14 Millionen US-Dollar. Nur zum Vergleich: Der gesamte Vorstand der Deutschen Bank hat zu der Zeit, im Jahr 1998, rund 30 Millionen Mark Gehalt erzielt.

War es das wert? »Und wie!«, entgegnet noch heute der Mann, der damals als Vorstandssprecher in der Verantwortung stand. »Es war höchste Zeit, um im internationalen Wettbewerb zu bestehen: Der Erwerb von Bankers Trust war eine Transaktion mit Signalwirkung. Wir hatten den Fuß auf die Schwelle von Wall Street gesetzt«, sagt ein stolzer Rolf-E. Breuer, auch mit seinen 75 Jahren ein stattlicher Mann auf der Höhe der Zeit. Dunkelblauer Anzug, natürlich mit Nadelstreifen, weißes Einstecktuch, massive Manschetten, gebräunter Teint und Hornbrille – seine Markenzeichen schon auf dem Höhepunkt der Macht.

Der Pensionär spielt Golf und Bridge, und wenn er nicht gerade mit dem Kirch-Prozess beschäftigt ist (was für seinen Geschmack deutlich zu häufig der Fall ist), führt er das »Leben eines Gentleman-Bankers in London«: Breuer engagiert sich für Hochschulen, Hospitäler und Museen. Der Mann ist mit sich und der Welt im reinen: »Ich habe weder Beruf noch Haus je bereut.«

Alles fügte sich in die schönste Harmonie, wäre da nicht der Streit mit den Erben von Leo Kirch: Wegen eines einzigen Satzes, in dem Breuer einst die Kreditwürdigkeit des Filmhändlers anzweifelte (»... nach allem, was man liest und hört ...«), streiten die Parteien seit mehr als zehn Jahren um Milliarden: Breuer wird von der Kirch-Seite für den Zusammenbruch des Medienimperiums verantwortlich gemacht: »Erschossen hat mich der Rolf«, hat Leo Kirch einst gesagt. Natürlich fühlt Breuer sich im Recht, und natürlich leidet er an den Folgen des langjährigen Rechtsstreits.

Früher, als Kind, hatte er Theaterregisseur als Traumberuf angegeben, »wie andere Lokomotivführer«. Ein kultivierter, gebildeter Mann ist Breuer, alles andere als ein Cowboy-Banker, und doch ein faszinierter Förderer der Investmentbanker, bis heute: »Die Idee mit dem angloamerikanischen Investmentbanking stand im Zentrum meiner Bestrebungen. Für die globale Stellung mussten wir im angloamerikanischen Raum etwas übernehmen, der andere Zug war schon abgefahren.«

Aus eigener Kraft war es nicht mehr zu schaffen, meint Breuer, der heute mit anderen Altvorderen Deutschbankern auf einer modernen Büroetage sitzt, welche die Bank im Frankfurter Westend für sie gemietet hat: »Jurassic Park« oder »Elefantenfriedhof« nennt man die Räumlichkeiten, an den Türschildern künden die Namen von der Vergangenheit: Endres, Schmitz, Dr. Weiss, Dr. Breuer, Boehm-Bezing, Krupp. Im Fenster des Konferenzsaals spiegeln sich die Zwillingstürme, nur einen Steinwurf entfernt.

Gefällt ihm, was sich dort heute abspielt, dass mit Anshu Jain ein Investmentbanker den Ton angibt? »Der Generationswechsel ist eine große Chance«, sagt Breuer, bis heute überzeugt davon, dass der Wandel zur Investmentbank der einzig richtige Weg war. Zerknirscht ist er nur über die breite Antistimmung gegen die Investmentbanker: Draußen ist der Hass seit der Finanzkrise schlimmer als je zuvor, im Haus ist der Einfluss seit Jahren gewaltig. Offenbar wurde dies spätestens, als die Londoner Breuers Plan von einer Fusion mit der Dresdner Bank verhinderten.

London sabotiert die Fusion mit der Dresdner Bank

Die deutsche Bankenwelt sähe heute anders aus, wenn das geklappt hätte, was Bernhard Walter, damals Chef der Dresdner Bank, und Rolf-E. Breuer, sein Gegenüber von der Deutschen, Anfang des Jahres 2000 ausgeheckt haben: Einen »merger of equals« der beiden größten Banken im Land – eine Fusion unter Gleichen, die heute, angesichts der konträren Entwicklung der beiden Häuser, kaum noch vorstellbar ist: Die ehedem stolze Bank mit dem »grünen Band der Sympathie« ist als Marke verschwunden, nachdem sie zuvor noch den neuen Eigentümer Commerzbank mit in die Tiefe gerissen hatte.

Damals jedoch sahen die Protagonisten in der Verbindung die Chance, den Bankensektor zu bereinigen. Experten hielten eine »Konsolidierung« schon lange für fällig. Bundeskanzler Gerhard Schröder segnete das Geheimprojekt ab, das der Vorstand der Deutschen Bank am 27. Februar beschließt. In London baut sich jedoch eine Opposition auf: Die Londoner Investmentbanker der Deutschen schießen quer – sie brauchen keine interne Konkurrenz durch die Investmentbanker der Dresdner, die sie überdies für minderwertig halten.

Am Tag der gemeinsamen Pressekonferenz, dem 9. März 2000, als Breuer und Walter die Geburt der »führenden Bank Europas« feiern, »eines echten europäischen Champions«, erscheint in der *Financial Times*, traditionell Sprachrohr der Londoner City, ein Artikel, in dem behauptet wird, dass die Deutsche Bank das Investmentbanking der Dresdner, Dresdner Kleinwort Benson, schließen will – ein echter Affront gegen die »Grünen«.

Die internen Gegner der Fusion aufseiten der Deutschen Bank sehen sich bestätigt, als die Börse an dem Tag der Verkündung mit Abschlägen über 10 Prozent reagiert – ein ganz persönlicher Schaden für die Truppen um Anführer Edson Mitchell und seinen Topmann Anshu Jain. Ihr Einkommen wird angegriffen, schließlich werden sie mit Aktien und Optionen bezahlt.

Noch am Wochenende schalten die Investmentbanker ihren Verbündeten im Vorstand, Josef Ackermann, ein, sie warnen ihn, die Risiken des Deals nicht zu unterschätzen. Der hört die Signale: Aus der Ecke ist mit weiterem Ungemach zu rechnen, dem Projekt mangelt es an interner Unterstützung. Als Breuer deswegen in den Tagen darauf nach London fliegt, gehen ihn die Investmentbanker frontal an. Unrealistisch und wenig durchdacht nennen sie dessen Pläne. Eine Integration münde im Fiasko, das Investmentbanking der Dresdner sei zu verkaufen. Punkt, aus.

Als diese Einwände, forciert von Ackermann, in den Fusionsverhandlungen auf den Tisch kommen, sind die Abgesandten der Dresdner entsetzt. Noch ehe sie sich von dem Schreck erholt haben, perfektioniert Edson Mitchell seine Politik der kleinen Nadelstiche: Er wirbt ein ganzes Team von Dresdner Kleinwort Benson ab – eine Provokation in dieser Situation, da die Fusion bereits offiziell verkündet ist und auf beiden Seiten Teams an der Integration arbeiten.

Dresdner-Bank-Vorstand Leonhard Fischer verlangt deshalb von der Deutschen den Rauswurf von Störenfried Mitchell. Unbelastete Leute müssten jetzt ran. Ackermann hält jedoch die Hand über seinen Star in London, weigert sich, Mitchell zu feuern. Die Wortgefechte zwischen den beiden Banken werden daraufhin hitziger, bis Dresdner-Bank-Chef Walter am 5. April, auf dem Heimweg von einem Treffen, beschließt, die Fusion abzublasen – und vom Amt zurückzutreten.

An diesem 5. April 2000, nachmittags um drei Uhr, melden die Nachrichtenticker das Ende der Verhandlungen. Die Schuldfrage beantwortet die Mitteilung der Dresdner Bank eindeutig: Entgegen den Absprachen habe die Deutsche Bank nach Ankündigung der Fusion gefordert, Dresdner Kleinwort Benson (DKB) ganz oder in Teilen zu verkaufen, heißt es dort: »Sie war auch nicht bereit, konstruktive Vorschläge aufzunehmen, um den Integrationsprozess im Investmentbanking nach objektiven und rationalen Kriterien zu gestalten. Sie hat eine ausgewogene Integration von DKB nach Wortlaut und Geist der getroffenen Absprachen abgelehnt. Die Deutsche Bank hat durch ihr Verhalten der geplanten Fusion die Vertrauensbasis entzogen.«

Im Nachhinein kann die Deutsche Bank froh sein, dass der Kelch an ihr vorüberging. Näheres dazu weiß sicherlich der amtierende Commerzbank-Chef Martin Blessing, bei dem die Dresdner schließlich, Jahre später, gelandet ist: eine einzige Leidensgeschichte.

Im Jahr 2000 steht Rolf-E. Breuer nach dem abrupten Ende der Fusionsgespräche erst mal düpiert da, beraubt seiner Träume vom neuen Champion, unterlegen gegen die eigenen Investmentbanker. In der Öffentlichkeit wird er angezählt, erste potenzielle Nachfolger werden bald gehandelt. Im September 2000 trifft sich schließlich der Vorstand der Deutschen Bank zum Abendessen, um – ohne Breuer – über dessen Nachfolge zu beraten (damals wurde der Sprecher des Vorstandes aus der Mitte des Gremiums gewählt, was der Aufsichtsrat dann zu akzeptieren hatte). Als die Herren sich daranmachen, eine Liste von Kandidaten aufzustellen, prescht Edson Mitchell vor: Nur »Joe« komme für den Posten infrage, sagt er. Weitere Vorschläge? Keine. Alle stimmen zu. Der Pakt zwischen Ackermann und den Investmentbankern hat sich bewährt.

Der tragische Tod von Jains Lehrmeister Edson Mitchell

Weihnachten des Jahres 2000 wird für die Deutsche Bank von einer Tragödie überschattet: Am 22. Dezember stirbt Edson

Mitchell in den Trümmern eines Flugzeugs. Der oberste Investmentbanker wollte die Weihnachtsferien mit Frau und Kindern im Ferienhaus in der Nähe von Rangeley, nahe der kanadischen Grenze, verbringen. Am Flughafen von Portland/Maine holt ihn eine zweimotorige Turboprop-Maschine Beechcraft King Air B 200 ab. Pilot Stephen A. Bean, ein alter Hase, war am Morgen von Rangeley nach Boston geflogen; auf dem Rückweg legt er einen kurzen Zwischenstopp in Portland ein, um Mitchell aufzugabeln. Der ist an diesem Tag sein einziger Passagier, nicht mal ein Co-Pilot ist an Bord.

Gegen 17 Uhr setzt die Maschine, wie geplant, zur Landung an. Als das Flugzeug im Sinkflug eine Höhe von 3300 Fuß erreicht, verschwindet es plötzlich vom Radar. Kein Notruf, nichts. Die Frau des Piloten alarmiert schließlich die Behörden. Erst am nächsten Morgen finden Suchtrupps das Wrack der Maschine, knapp 100 Fuß unterhalb des Gipfels eines Bergs der Beaver Mountains. Pilot und Passagier sind tot. Im Untersuchungsbericht, unter dem Aktenzeichen NYC01FA058, heißt es später: Ein Pilotenfehler hat den Absturz verursacht.

Mit Ed Mitchell stirbt Anshu Jains Idol, einer der mächtigsten Männer der Deutschen Bank, der bestbezahlte sowieso: Der Anführer der Investmentbanker soll mehr als alle Vorstände zusammen verdient haben. 1995 hatte ihn Hilmar Kopper bei Merrill Lynch abgeworben, damit er im alten Gebäude von Morgan Grenfell in London, Great Winchester 23, das Geschäft mit Wertpapieren, Rohstoffen und Devisen in neue Dimensionen führt.

Fünfzig Getreue folgten ihm damals zur Deutschen Bank, darunter ein Inder, Anfang 30: Anshuman Jain, genannt Anshu. 2000 Mitarbeiter dirigiert Mitchell aus dem Händlersaal, wo Anshu Jain, wenn er in London ist, bis heute in seinem Glaskasten die Geschäfte führt. Das Foto von Mitchell bekommt dort einen Ehrenplatz, »Ich wäre mit ihm bis ans Ende der Welt gegangen«, erzählt Jain nach dem plötzlichen Tod seines Lehrmeisters.

Mitchells Vorfahren stammen aus Schweden, von dort ist sein Großvater nach Amerika ausgewandert. 1953 geboren, legt Edson Mitchell eine exzellente Karriere hin: Er ist einer der Besten im College, ebenso im BWL-Studium an der Eliteuniversität Dartmouth. Nach einer ersten Station bei der Bank of America stößt er 1980, mit 27 Jahren, zu Merrill Lynch.

Für das Angebot der Deutschen Bank ist der kleine Rotschopf (er misst keine 1,70 Meter) auch deshalb empfänglich, weil ihm bei Merrill der Sprung in die erste Reihe versagt bleibt, angeblich wegen seiner eigenwilligen Art der Führung. Mitchell ist ein Exzentriker, berühmt für seine Partys mit Superstars, berüchtigt für seinen Lebensstil, der selbst Gerüchte glaubhaft erscheinen lässt, wonach er mit der Concorde zum Zahnarzt nach New York jettet (was aber nicht stimmt).

Als einen »Banker der Superlative« preist ihn der neue Arbeitgeber, die Deutsche Bank, wo ihn bis zum heutigen Tag die Legende umweht. Andere nennen ihn »Haifisch« oder »Terminator«. Den zweiten Spitznahmen verdiente er sich durch seine recht spezielle Art, Menschen von der Gehaltsliste zu entfernen. Feuerte er einen Mitarbeiter, sprach er vom »Terminieren«. Seine Personalgespräche, etwa bei der Eingliederung der amerikanischen Investmentfirma Bankers Trust, dauerten laut Überlieferung nie länger als zwei Minuten, dann war klar: Wer bleibt? Und wer wird »terminiert«?

Wenn jemand gehen musste, dann geschah das in Mitchells Logik auch zu dessen Vorteil. Der Betreffende wäre nie glücklich geworden, hätte man ihn weiter durchgeschleppt. Auch wäre es Unrecht, ihn für Leistungen zu belohnen, die er nicht erbracht hat – unfair auch gegenüber dem Rest des Teams, das einmal beschrieben wurde als ein »Rudel von Wölfen, die sich gegenseitig belauern und jeden zerfleischen, der nicht mithalten kann«. Anshu Jains Vorbild ist knallhart und fordernd, großzügig zu denen, die mitziehen: Für seine Leute holt er das Doppelte oder Dreifache von dem heraus, was andernorts für sie möglich ist.

Vier Männer, intern »Leutnants« genannt, bieten sich nach Mitchells Tod als dessen Nachfolger an. Diese vier Kandidaten nimmt Josef Ackermann unter die Lupe, als er am 26. Dezember, nur wenige Tage nach Mitchells Tod, nach London reist: Anshu Jain, Grant Kvalheim, Thomas Gahan, Seth Waugh (später Amerika-Chef der Bank).

Nach dem Treffen entscheidet Ackermann: Jain ist der Richtige, die neue Leitfigur. Der Inder leitet zu diesem Zeitpunkt bereits den Obligationen- und Devisenhandel, den wichtigsten Bereich der Investmentbank und jenen Teil, aus dem auch Ackermann kommt, in dem er die besten Chancen für die Deutsche Bank vermutet. Der ausgebootete Grant Kvalheim, Jains Hauptrivale, verlässt daraufhin im Zorn die Bank und geht im Mai 2001 zu Barclays. Jahre später endet seine Karriere dort mit krachenden Subprime-Verlusten, Kvalheim findet Unterschlupf bei der Versicherungsfirma Athene Holding mit Sitz auf den Bermudas. Und Anshu Jain arbeitet sich Stufe für Stufe nach oben.

Eine Karriere in London
Anshu Jains Weg an die Spitze

Irgendwann hat Anshu Jain für sich entschieden: Er will es wissen. Er will nach ganz oben in der Bank, auch formell. Nicht mehr länger der heimliche Herrscher in London sein, sondern offiziell Vorstandsvorsitzender. Mit allen Konsequenzen: mehr Frankfurt, mehr Politik, mehr Öffentlichkeit – und weniger Geld.

Spätestens im Frühjahr 2011, als die Schlacht um die Ackermann-Nachfolge dem wüsten Höhepunkt entgegenschaukelt, wird es offensichtlich: Jain erhebt Ansprüche. Mächtige Verbündete sekundieren ihm. Larry Fink etwa, Chef von Blackrock, weltgrößter Vermögensverwalter und größter Aktionär der Deutschen Bank, sagt: »Anshu macht einen fantastischen Job. Er hat ein wahres Powerhouse aufgebaut, leise, mit Eleganz und Anmut.« Andere Investoren senden ebenso eindeutige Signale: Anshu Jain soll es richten – deutsche Befindlichkeiten hin oder her.

Über lange Jahre war man sich nicht so sicher: Will er wirklich an die Spitze? Jain übte sich in Koketterie: Er könnte es zur Abwechslung ja auch mal woanders versuchen, so wurden seine Äußerungen gedeutet. Jetzt, als es ernst wird, wird jede Andeutung des Ober-Investmentbankers in diese Richtung zur Drohung. Wer Jain verprellt, ihn gar aus dem Haus treibt, vernichtet Vermögen. Dahinter steht die Botschaft: Alles, was den Erfolg des Investmentbankers gefährdet, zerstört unmittelbar Wert der Deutschen Bank am Kapitalmarkt.

Jains Kollegen im Vorstand wissen um dieses Erpressungspotenzial: »Wenn er im Zorn geht, dann geht er nicht allein. Das hat dann direkte Folgen für den Aktienkurs«, sagt einer von ihnen. Jain habe seine Leute hinter sich: »Anshu zahlt gut, das schafft Loyalitäten.«

Es gibt Gerüchte über eine Revolte der Londoner Investmentbanker, für den Fall, dass in der Nachfolgefrage etwas geschieht, was Jain nicht passt. Erst kursieren die Szenarien nur im Umfeld der Frankfurter Türme, Ende Mai 2011 prescht dann die *Financial Times* mit Schlachtplänen vor: Topmanager der Deutschen Bank stünden kurz vor einem offenen Krieg, meldet das Blatt auf der Titelseite. Kein Wunder. Würde in der Londoner City über den Chef der Deutschen Bank abgestimmt, der Sieger stünde längst fest: Anshu Jain. Er ist der Mann der Kapitalmärkte. Und wenige Wochen später, im Sommer 2011, hat er sich endlich durchgesetzt, er wird offiziell designierter Co-Vorstandsvorsitzender der Bank.

»Goldfinger«, »Wunderkind«, »Sonnengott« haben sie den Investmentbanker genannt: Er fährt mit seiner Sparte in London für gewöhnlich mehr Gewinn ein als der Rest des Vorstands zusammen. Und das zeigt er auch. »Anshu Jain ist nicht arrogant«, sagt ein Weggefährte, »Er tritt nur in dem Bewusstsein auf, dass er der wichtigste Mann in der Bank ist.«

Wie kaum jemand sonst verkörpert Anshu Jain das Ideal des Hochleistungsmanagers: schnell denken, schnell entscheiden, keine Sperenzchen. Alles an ihm weist auf Effizienz hin. Straffer Körper, klare Gedanken. Ausschweifungen sind nicht vorstellbar, jeder Schlendrian ist ihm ein Graus. Sein Führungsstil ist straff.

Anshu Jain besticht als begnadeter Redner, er wird im Haus als »wahrer Anführer« umschwärmt. Disziplin, Präzision und Ehrgeiz zeichnen ihn aus. Vor allem aber: »intellektuelle Brillanz«, wie ein Kollege aus der Führungsriege sagt. »Wer mit ihm spricht, lehnt sich nicht zurück, nie, der sitzt permanent vorne auf der Stuhlkante – physisch wie mental, immer auf der Hut. Wie will man aussehen? Wie will man von Anshu wahrgenommen werden?« Wohlgemerkt: So spricht kein Assistent, kein Befehlsempfänger, sondern ein gestählter Topbanker, und er tut dies trotzdem voller Ehrfurcht. Entspannt ist etwas anderes. Nicht jeder, der zum Essen mit Jain eingeladen wird, empfindet dies als Freude. Immer wird bei diesen Gelegenheiten auch Macht und Wichtigkeit demonstriert: Wer darf wann reden oder wann zum Besteck greifen? »Anstrengend«, stöhnt ein Deutschbanker.

Jain tritt meistens fordernd auf, im Gespräch kurz und knapp, exzellent vorbereitet, »sehr geradeheraus und sehr sauber denkend«, heißt es in Kreisen des Aufsichtsrats. Die Präsentationen sind bis ins Letzte ausgefeilt. Meetings ähneln eher militärischen Lagebesprechungen als einem offenen Gedankenaustausch. Da ist nicht viel Platz für Brainstorming. Und schon gar nicht wird ziellos geplaudert. Als »wunderbar emotionsfrei« hat Hilmar Kopper Jain mal gelobt. Als Kontrollfreak beschreiben ihn andere.

2011 wird er zu »Europas Investmentbanker des Jahres« gewählt und bereits 2010 zum »einflussreichsten Menschen in Europas Finanzwelt« (noch vor Mario Draghi, dem Präsidenten der Europäischen Zentralbank) – eine steile Karriere für einen indischen Einwanderer nach Amerika, der im Jahr 1985 als kleiner Börsenmakler bei Kidder Peabody angefangen hat, einer Firma, die in der Form längst nicht mehr existiert.

Nach drei Jahren verlässt Jain Kidder Peabody und heuert bei der Investmentbank Merrill Lynch an. Sehr jung noch, wird er dort – als Pionier – mit der Hege und Pflege von Hedge-Fonds betraut, er angelt sich den Titel »Managing Director« und bewegt sich damit auf der höchsten Ebene direkt unter den ganz großen Chefs. Trotzdem geht er Mitte der 1990er Jahre. Im Schlepptau seines Idols Edson Mitchell wechselt Jain zur Deutschen Bank, als diese ihr Investmentbanking forciert. Der Förderer positioniert ihn im Konzern, befeuert seinen Ehrgeiz. »Mitchell hat die Rakete in Anshu Jain gezündet«, hat der kürzlich verstorbene Ex-Chefvolkswirt Norbert Walter erzählt: »Wer weiß, was sonst aus ihm geworden wäre?« Der Inder fällt als Macher auf, noch mehr aber als scharfer Denker: »Intellektuelle Erkenntnis ist ihm noch wichtiger als Ergebnis.«

Zunächst ist Anshu Jain in London für den Handel mit Devisen und Rohstoffen zuständig, später kümmert er sich auch um Zinsprodukte. Der Investmentbanker hackt jedoch als Händler nicht auf seinem Computer die Orders ein. Seine Kundschaft ist das, was sie »smart money« nennen – er hat es mit den Klugen und Wachen unter den Investoren zu tun, es handelt sich dabei um institutionelle Anleger: Hedge-Fonds, Pensionskassen, Private-Equity-Häuser. Konzernen hilft er, sich die optimale Finanzierung zu basteln.

Draußen gewinnt er Vertrauen, nach innen weitet er beständig seinen Einfluss aus. Er stellt Hunderte Banker ein, alles potenzielle Gefolgsleute. Stufe für Stufe geht es für ihn nach oben. Vier oder fünf Mal, je nach Zählweise, wird er von Josef Ackermann befördert: 2000 Nachfolger für den tödlich verunglückten Edson Mitchell, 2002 Berufung ins »General Executive Committee«, zuständig für »Global Markets« (den Handel mit Devisen und Anleihen), 2004 Co-Chef Investmentbanking, 2009 Mitglied des Vorstands, 2010 alleiniger Chef Investmentbanking, 2012 Co-Vorstandschef. Der letzte Schritt erfolgt gegen Ackermanns ausdrücklichen Willen.

In London kontrolliert Jain mit der Zeit einen Apparat, bei dem so manchem schwindelig wird. Schon 2004 tituliert der britische *Economist* die Deutsche Bank als einen »gigantischen Hedge-Fonds«, in Geiselhaft genommen von den Investmentbankern unter ihrem Anführer, einem »indischen Bond-Junkie«: Anshu Jain drehe an den Knöpfen einer »globalen Geldmaschine ohne besondere nationale Loyalität«. Gesteuert werde die nicht wirklich vom Vorstandsvorsitzenden Josef Ackermann, der damals schon mit den Mannesmann-Turbulenzen zu kämpfen hat und der womöglich bald abgelöst wird, wie der *Economist* nahelegt. Derart angeschossen in der britischen Presse, schreibt Josef Ackermann zum ersten Mal in seinem Leben einen Leserbrief: »You give a startling misrepresentation of the transformation of Deutsche Bank. In fact, over the past three years Deutsche Bank has deliberately and dramatically reduced its dependence on risk-taking as a source of operative earnings.«

Die Deutsche Bank war sehr spät ins Rennen mit den anderen Investmentbanken gestartet: Die Ambitionen waren riesig, der Rückstand auf die Giganten der Wall Street auch. Den Handel mit Anleihen und Aktien hatten die Platzhirsche längst unter sich aufgeteilt, in diesen Bereich einzubrechen erschien gewagt.

So stürzt man sich auf ein neues Feld, auf dem die Finanzingenieure zu der Zeit mit dem Tüfteln gerade erst beginnen: die Konstruktion von Derivaten.

So jung und unverbraucht ist dieser Bereich, dass er auch für Neuankömmlinge Chancen bietet. Die von Merrill Lynch (dem Glutherd des Derivategeschäftes) geholte Stammtruppe um Edson Mitchell und Anshu Jain engagiert viele smarte Männer (Frauen sind selten) und investiert stolze Summen, um den Handel mit Kreditderivaten zu beherrschen. Es zahlt sich rasch aus.

Schon 2003 wird die Deutsche Bank von der Zeitschrift *Risk* zum »Derivate-Haus des Jahres« gekürt, sie mausert sich zum Gegner Nummer eins für J. P. Morgan: Welche Ehre für das geschichtsträchtige, bis dahin aber irgendwie fade deutsche Geldhaus.

Die Männer um Jain malen sich eine glänzende Zukunft aus: Gigantische Profite für die Bank (und für sie selbst), gleichzeitig würden sie die Finanzwelt ein Stück besser machen, robuster und effizienter. Das glauben sie wirklich, als sie in großem Stil, mit fast missionarischem Eifer, Kreditforderungen kaufen, sie bündeln, umsortieren und neu verpackt an Investoren verticken: Diese Werkzeuge würden die Risiken streuen und so erträglich machen, ungefährlich für den Wohlstand auf der Welt. Welch ein fataler Irrtum! Was in der Theorie nach wie vor richtig ist, richtet in der Praxis erst mal gewaltigen Schaden an: Die Nebenwirkungen der Derivate zeigen sich, als die Immobilienblase in Amerika platzt.

Anshu Jain ist da längst ein Star unter den Investmentbankern. Er ist der Chef dieser Sparte in der Deutschen Bank und einer der wenigen Köpfe in der Branche, die etwas zu sagen haben und nicht aus dem klassischen Geschäft, der Mergers & Acquisitions-Beratung, kommen.

Bisher war dies die Königsdisziplin, dort wurden die Führungsleute von Investmentbanken rekrutiert: Jain ist einer der Ersten aus dem Handelssaal, der es, neben Lloyd Blankfein bei Goldman Sachs, ganz nach oben schafft. Der Grund dafür ist einfach: Der Derivatebereich ist noch jung, außerdem zieht er andere Typen an als die M&A-Leute: Wenige Banker im Handelssaal haben den Ehrgeiz und die Fähigkeiten für das politische Spiel, das für das Vorwärtskommen in einem Großkonzern unverzichtbar ist. Anshu Jain hat beides: Biss und taktisches Geschick.

Äußerst selbstbewusst vertritt er seinen Bereich gegenüber dem Vorstand (wer bringt hier die Gewinne?) und ringt erbittert um Ressourcen. In London tritt er als Vollblut-Investmentbanker auf, die Zentrale ist weit weg. »Er hat bewusst gesagt: Ich maximiere meinen Bereich, denke nicht in vorauseilendem Gehorsam ans Wohl des Gesamtkonzerns«, sagt ein Kollege. Heute redet Jain anders, wenn er das »Silodenken«, den Egoismus der einzelnen Bereiche, geißelt. Neue Rolle, neues Denken.

Völlig skandalfrei war das Investmentbanking noch nie, schon gar nicht in der Deutschen Bank, da sie als Nachzügler besonders aggressiv unterwegs ist. Gebremst hat dies Jains Karriere nicht, auch wenn er die eine oder andere Schramme abbekommt. Anfang des Jahres 2006 etwa, als der 26-jährige Derivatehändler Anshul Rustagi seine Handelspositionen um 30 Millionen Pfund überzieht. »Hat Anshu Jain seine Händler nicht unter Kontrolle?«, fragt die Fachpresse damals. »Äußerst peinlich für Mister Jain.«

In Frankfurt haben sich die Londoner Investmentbanker von Beginn an ihres Rufs als Söldner zu erwehren: Skrupellos, hoch bezahlt und schnell wieder weg, heißt es über sie. Dagegen setzt Jain emotionale Bekenntnisse: Er will »eine Geschichte zu Ende schreiben«, sagt er. Bald 20 Jahre steht er dem Konzern zu Diensten. Sind Saisonarbeiter so lange treu? Wie oft wechselt ein Sportstar den Club, wenn es ihm nur darum geht, das Vermögen zu maximieren? »Wäre das mein Antrieb, hätte ich die Bank verlassen müssen«, sagt der Inder.

Das Doppelte oder Dreifache könnten er und seinesgleichen anderswo verdienen, entgegnet er den internen Kritikern. Verglichen mit den Kumpels in der Londoner City, die einen eigenen Hedge-Fonds aufgezogen haben, ist er ein mittelmäßig bezahlter Angestellter (aber auch nur verglichen mit diesen). Wahr ist auch, dass die Beförderung an die Konzernspitze ihm finanziell schadet: Jains Gehalt sinkt.

In der Abwägung zwischen mehr Geld und großer Bühne hat er den Chefposten in der Deutschen Bank gewählt. Der Vorstandsvorsitz zahlt ein auf das Konto »Ehre, Prestige, politischer Einfluss, öffentliche Aufmerksamkeit« – und das ist eine starke Antriebsfeder für Manager. Dies ist insbesondere dann gut zu beobachten, wenn sie am Abend der Karriere mit den Insignien der Macht ihr Publikum verlieren: Das schmerzt mehr als finanzielle Einbußen. Traurige Schicksale spielen sich da ab.

Auf dem Weg nach oben hat sich Anshu Jain mit Vertrauten an entscheidenden Posten abgesichert. Hausmacht schaffen nennt man das. »Alle in Anshus Netzwerk sind länger als zehn Jahre dabei«, sagt einer, der parallel zu ihm aufgestiegen ist in der Bank. Entweder man gehört dazu – oder eben nicht.

In der latenten Konkurrenz zwischen Frankfurt und London erwächst der Bank mit Jain eine Art Schatten-Chef: selten gesehen, mit immensem Einfluss – ein Schreckgespenst für alle Traditionalisten, Standortpolitiker und Gewerkschafter.

Da die Investmentbanker es nicht versäumen, regelmäßig Signale des Machtanspruchs Richtung Main zu senden, verfestigt sich der Verdacht, sie verfolgten ihren eigenen Plan: mit oder ohne Frankfurt, mit oder ohne Filialgeschäft, mit oder ohne Ackermann. Alles ist ihnen zuzutrauen.

In den langen Monaten, als der Deutsche-Bank-Chef im Mannesmann-Prozess auf der Anklagebank sitzt, verbreitet sich dramatische Unsicherheit. Auffallend häufig melden sich in der Presse – meist anonym – Stimmen oder nicht näher bestimmte »Kreise« zu Wort, die fragen, ob Ackermann sich und der Bank diesen Zustand noch lange zumuten will, ob es nicht an der Zeit ist, den Kronprinzen, also Jain, zu inthronisieren.

An dem Tag, als der Bundesgerichtshof über den Freispruch in erster Instanz zu urteilen hat, im Dezember 2005, berichtet die *Frankfurter Allgemeine Zeitung* von der »Sorge, dass die Londoner Investmentbanker, die zwei Drittel des Konzerngewinns erwirtschaften und damit den Rückhalt der Aktionäre haben, ein Machtvakuum nutzen könnten, um einen angeblich seit langem gehegten Plan in die Tat umzusetzen: darauf zu drängen, den Konzern in eine Investmentbank mit Sitz in London und eine ›Deutschland-Bank‹ aufzuteilen. Die Deutsche Bank wäre dann wieder ›deutsch‹ – doch gäbe es dann keine einzige deutsche Bank von Weltrang mehr. Wer in der deutschen Wirtschaft würde sich das wünschen?«

Die Richter heben das Urteil tatsächlich auf und schicken Ackermann zurück auf die Anklagebank. Aber er übersteht die Nachfolgedebatte, und das so gefestigt, dass er sogar vorzeitig mit einem verlängerten Vertrag ausgestattet wird, befördert vom Sprecher des Vorstandes zu dessen Vorsitzendem: eine historische Novität in der Deutschen Bank. Wer in dieser Phase loyal zu ihm stand und wer nicht, das vergisst Ackermann nicht.

In die Monate danach fällt der Kauf von Berliner Bank und Norisbank: Ackermann stärkt das Privatkundengeschäft als Ausgleich zu den Investmentbankern und gegen deren Widerstand. Ein weiser Zug, wie sich in der Finanzkrise zeigen sollte: Anshu Jain und seine Investmentbanker, über Jahre Profitbringer erster Güte, zwingen die Bank zu einem Rekordverlust: Sechs Milliarden Euro Minus aufs ganze Jahr gerechnet. Ohne die Gewinne im Privatkundengeschäft wäre die Misere noch schlimmer.

Der amerikanische Häusermarkt war kollabiert und etliche amerikanische Banken gleich mit. Der Lehman-Kollaps jagt Schockwellen um den Globus. Die Deutsche Bank bibbert. Und Anshu Jain, der sich von seinen Mathematikern und ihren schönen Kurven mit steigenden Immobilienpreisen hatte wegtragen lassen, erlebt sein persönliches Desaster, die schwärzesten Stunden seiner Karriere. »Er war am Boden zerstört«, berichtet ein Londoner Augenzeuge. »2008 markierte einen Wendepunkt, auch für mich persönlich«, sagt Jain im Rückblick selbst. »Unsere Risiken waren im Verhältnis zum vorhandenen Kapital zu groß.«

Auf seinen weiteren Aufstieg wetten nun, zur Jahreswende 2008/2009, plötzlich nicht mehr viele. Jain habe sich vom »Wunder- zum Sorgenkind« entwickelt, schreibt das *Handelsblatt*, der Investmentbanker sei als Vorstandschef »nicht mehr vermittelbar«, kommentiert die *Welt*. Noch mutigere Propheten geben in einem Aufwasch gleich das Investmentbanking als solches verloren: Banker, ihr könnt einpacken, das Geschäftsmodell hat sich überlebt. Sehr düster sind die Tage nach Lehman.

Jain und seine Kollegen sind mehr als verzweifelt, als an einem Samstag im November 2008 Ackermann mit seinem Risikovorstand Hugo Bänziger in London »einreitet«. So feindselig-demütigend empfinden die Investmentbanker den Auftritt. »Alles muss raus!«, nach diesem Motto gehen die beiden Frankfurter mit Schweizer Migrationshintergrund bei ihrem Notfalleinsatz vor: Alle Risiken auf den Tisch! Gnadenlos sind Positionen zu verkaufen, das heißt: Verluste sind sofort zu realisieren, ehe noch größere Summen im Feuer stehen. Hoch-Risiko-Abteilungen werden an die Kandare genommen, der Eigenhandel wird radikal heruntergefahren.

Das Verhältnis zwischen Bänziger und den Investmentbankern ist fortan belastet. Es rollen Köpfe, aber nicht der von Anshu Jain. Josef Ackermann hätte ihn in die Wüste schicken können. Er tut es nicht, inszeniert sich im Nachhinein gar als dessen Lebensretter: »Ich stand auch in Zeiten zu ihm, als sein Bereich große Verluste machte.«

Der Schweizer findet den ungeliebten Nachfolger grob undankbar: Wer schließlich hat Anshu Jain aufgebaut und befördert? Wer hat ihm Mut zugesprochen nach dem Milliardenverlust? In anderen Unternehmen sind solche Leute gefeuert worden. In der Deutschen Bank steuert Anshu Jain schneller und radikaler um als die Konkurrenz. Das rettet ihn und lässt den Konzern glimpflicher davonkommen.

Die personellen Konsequenzen enden eine Etage darunter, bei Bankern wie Boaz Weinstein, damals Co-Leiter des globalen Kredithandels und enger Vertrauter Jains. Weinsteins Co-Partner aus jener Zeit, Colin Fan, ein Asiate mit kanadischem Pass, zählt nach wie vor zum engstem Zirkel. Für Weinstein ist nach den desaströsen Verlusten jedoch Schluss bei der Deutschen Bank. »Herzzerreißend« nennt Jain hinterher die Entscheidung, sich von ihm zu trennen, aber »intellektuell richtig«.

Weinstein, ein in Manhattan aufgewachsener Händler mit jüdischen Vorfahren, war ein Star unter den jungen Deutschbankern der neuen Art: hochintelligent, angstfrei. Jetzt zockt er auf eigene Rechnung. Im Sommer 2012 macht er Furore, als er gegen J. P. Morgan wettet und der glanzvollen Bank mit hochkomplexen Derivaten einen Milliardenverlust beibringt, mehr oder minder im Alleingang. »Wir haben uns ins Knie geschossen«, bekennt J. P. Morgan-Chef Jamie Dimon im Juli 2012 kleinlaut.

Die »New York Times« ernennt Weinstein zum »Monster der Wall Street«, daraus spricht noch mehr Respekt als Verachtung für den Wunderknaben. Im zarten Alter von fünf Jahren schon eignet sich der Sohn eines Versicherungsmaklers und einer aus Israel stammenden Übersetzerin das Schachspiel an, mit 16 ist der hochbegabte Schüler einer der besten Spieler Amerikas (später zahlt er 10 500 Dollar bei einer Wohltätigkeitsauktion, um gegen Garri Kasparow antreten zu dürfen), mit 20 wird er Meister im Blackjack-Spiel (»Siebzehn und vier«), Jahre später erpokert er sich in Las Vegas einen Maserati.

Schon auf der New Yorker Stuyvesant High School gewinnt er ein Börsenspiel. Trotzdem studiert er erst einmal Philosophie. Mit 24 Jahren heuert Weinstein, nach mehreren kürzeren Einsätzen für andere Investmentbanken, bei der Deutschen Bank an: Die trachtet gerade danach, Amerika zu erobern, und stürzt sich kopfüber in den jungen Markt für Kreditderivate, wie Boaz Weinstein Jahre später in einem Interview mit der israelischen Wirtschaftszeitung *Calcalist* erzählt: »Wir lernten das Geschäft durch die praktische Anwendung bei der Arbeit.«

Mit 27 Jahren ist er Managing Director, damit einer der jüngsten Topmanager aller Zeiten auf dieser Ebene direkt unterhalb des Vorstands. »The Wunderkind of the New York Hedge Fund World« (*New York Times*) führt als Co-Chef die globale Kredithandelssparte mit 200 Mitarbeitern, steuert für Anshu Jains Truppe den Handel mit Kreditderivaten, konstruiert auf der Basis von Darlehen oder Anleihen. Zehn Jahre lang fährt er für die Bank satte Gewinne ein und bringt es für sich selbst bei günstigem Wind auf 40 Millionen Dollar Jahresverdienst – weit mehr, als Joe Ackermann im abgelegenen Frankfurt kassiert.

In New York wird Weinstein als der »beste Kredithändler der Welt« gefeiert. Er nutze nur den gesunden Menschenverstand und

die Mathematik, sagt er selbst. Seine Spezialität sind Firmenan-
leihen sowie Versicherungen gegen deren Zahlungsausfall, jene
Credit Default Swaps (CDS), die Warren Buffett schon 2002 als
»finanzielle Massenvernichtungswaffen« eingestuft hat.

Lange geht das Kalkül auf: 2006 trägt Weinsteins Team angeblich 900 Millionen Dollar zum Deutsche-Bank-Gewinn bei,
2007 noch 600 Millionen Dollar. Im Jahr darauf aber, nach der
Lehman-Pleite und einer »Serie von Erdbeben mit konstant sich
ändernden Epizentren« (Josef Ackermann), reißt er die Deutsche
Bank mit einem Milliardenverlust in die Tiefe, woraufhin der
Chef das Ende des Eigenhandels verkündet: Um damit 1,5 Milliarden Profit zu erzielen, rechnet Ackermann vor, müsse man
ein Mehrfaches davon riskieren: »Sie können leicht zwei oder drei
Milliarden verlieren. Das ist es, was wir 2008 erlebt haben. Und
nie wieder erleben wollen«, sagt er im Februar 2009 dem *Wall
Street Journal.*

Boaz Weinstein hat da schon seine Sachen gepackt, er verlässt
die Deutsche Bank, nimmt 15 Kollegen aus Anshu Jains Mannschaft mit und gründet seinen eigenen Hedge-Fonds: »Saba«
(Hebräisch für »großväterliche Weisheit«) heißt die Firma, mit
Büros im 58. Stock des Chrysler-Gebäudes.

2009 geht er mit einem verwalteten Kapital von 140 Millionen Dollar an den Start, drei Jahre später ist der Fonds 5,5 Milliarden Dollar schwer. Weinstein selbst hat zuletzt angeblich 90
Millionen Dollar verdient, wofür er für 25 Millionen Dollar ein
14-Zimmer-Apartment in der Fifth Avenue in New York gekauft
hat. Die Geschichte beweist: Anshu Jain hat Recht. Für die persönliche Vermögensplanung muss es nicht von Nachteil sein, die
Deutsche Bank zu verlassen. Für Hedge-Fonds-Manager ist mehr
Luxus drin.

Der 200-Millionen-Mann
Superstar Anshu Jain

Mit dem Geld und der Gerechtigkeit verhalte es sich ganz simpel, sagt Anshu Jain im Zwiegespräch. »Jeder Mensch hat Talente, Georg«, führt er aus: »Sie haben Talente, ich habe Talente. Für meine ist der Preis hoch, für ihre niedriger. Schlecht für Sie, gut für mich.« Noch Fragen?

Der Mann meint das nicht böse. So ist die Welt nun mal. Der Professor im Hörsaal könnte es nicht prägnanter formulieren: Der Markt, also Angebot und Nachfrage, regeln den Preis, auch den für die menschliche Arbeitskraft. Wer mag da richten über Gerechtigkeit und Moral? Einen besseren Maßstab gibt es nicht.

Es ist auch keine Schande, wenn der Markt die eigenen Fähigkeiten niedriger einstuft als die von Anshu Jain: Höher wird derzeit niemand bewertet, zumindest kein Angestellter in Deutschland. Schon ohne die exakten Zahlen zu kennen, lässt sich eines mit Sicherheit festhalten: Kein Topmanager einer deutschen Firma hat in den vergangenen Jahren mehr verdient als Anshu Jain.

In den einschlägigen Tabellen der Spitzenverdiener lag meist Josef Ackermann vorne (ehe ihn VW-Chef Martin Winterkorn 2012 verdrängte), mit Spitzengagen jenseits der 10 Millionen Euro. »Es gibt in der Bank Leute, die weit besser bezahlt werden als ich«, pflegte Josef Ackermann zu sagen: Gemeint waren die Kameraden in London mit Anshu Jain an der Spitze, dem auch von Leuten innerhalb der Bank ein Vielfaches der Ackermann-Bezüge nachgesagt wurde.

Als eine erste Annäherung, als Untergrenze, mag deshalb Ackermanns Gehaltszettel dienen, der einzusehen ist. Die großen börsennotierten Firmen müssen seit einigen Jahren die Gehälter ihrer Vorstände einzeln ausweisen, nicht aber die der Leute auf den unteren Hierarchiestufen, selbst wenn diese mehr verdienen: In diese Kategorie fiel Jain bis zum Jahr 2009, bis er in den Vorstand befördert wurde. Verdient hat er vorher mehr.

Für Josef Ackermann ergeben die einschlägigen Berichte eine ziemlich runde Zahl: In den zehn Jahren als Bank-Chef bringt er es in der Summe auf knapp 100 Millionen Euro, ein stolzer Betrag, wenn auch bei Weitem nicht alles davon bar ausbezahlt wurde, sondern in Aktien. Und natürlich ist brutto nicht gleich netto.

Anshu Jain liegt auf jeden Fall darüber, und zwar deutlich. »Zwischen 200 und 300 Millionen Euro hat Herr Jain in all den Jahren insgesamt sicher nach Hause getragen«, schätzt einer der führenden Vergütungsexperten im Land. »Genau weiß das außer ihm keiner.«

Verbürgt ist, dass Investmentbanker in aller Welt andere Gehälter aufrufen als gewöhnliche CEOs in Großkonzernen. In guten Jahren sind locker 40 bis 60 Millionen Dollar drin. Die »inzestuöse Vergütungspraxis« in den Banken sei dafür verantwortlich, erklärt der Berater: Man schaut nicht links, nicht rechts in andere Branchen, vergleicht sich nur innerhalb der engen Gruppe der hoch- und höchstbezahlten Investmentbanker.

Der Würzburger Bankenprofessor Ekkehard Wenger taxiert Anshu Jain deshalb deutlich höher: »Brutto hat er an die 500 Millionen Euro aus der Deutschen Bank rausgetragen: Leute wie Jain haben die Kuh gemolken, jetzt ist sie abgemagert bis aufs Skelett.«

Nun hat der Hochschullehrer Wenger, berüchtigt als Vorstandsschreck, generell eine Vorliebe für drastisches Vokabular. Mit der

Deutschen Bank aber hat er eine Rechnung offen: »Ich habe vor mehr als 20 Jahren Aktien für umgerechnet 36 Euro gekauft. Den Kurs haben sie nicht mal gehalten.« Jedes Sparbuch rentiere sich besser, zürnt er: »Für langfristige Anleger ist mit der Deutschen Bank nichts zu gewinnen.« Der Konzern mag Milliarden verdienen, bei den Eigentümern kommt nichts an: »Das ist wie in einer Fußballmannschaft: Alles Geld, das reinkommt, wird an die Stars rausgehauen. Für den Verein bleibt nichts.«

Wenger ist kein Neidprediger, er gönnte jedem Milliardär sein Vermögen – Leuten wie den SAP-Gründern, die etwas Bleibendes schaffen, die persönliche Risiken eingehen und dafür belohnt werden: »Wofür aber werden die Deutschbanker belohnt?«

Aus dieser Wut heraus hat er sich mit der Bank angelegt: Mithilfe der Justiz wollte Wenger vor Jahren erzwingen, dass sie verrät, wie viele ihrer Investmentbanker siebenstellige Jahresgehälter einstreichen, also Einkommensmillionäre sind – er ist vor Gericht unterlegen. Darüber regt er sich bis heute auf. Zumindest hat er erreicht, dass der Konzern die Gehaltssumme des Steuerungskomitees, des »General Executive Committee« (GEC), für einzelne Jahre veröffentlichen musste.

Im Jahr 2005 zum Beispiel haben die sechs Männer im »GEC« der Deutschen Bank zusammen 90 Millionen Euro kassiert. Das ist dreimal so viel wie der gesamte Vorstand in dem Jahr. Auf Anshu Jain, den Topstar in dem Gremium, dürften nach allgemeiner Ansicht 30 Millionen Euro entfallen. Zum Vergleich: Josef Ackermann geht 2005 mit knapp 12 Millionen Euro nach Hause.

Erst seit dem Jahr 2009, seit Anshu Jain im Vorstand sitzt, wird sein Gehalt ausgewiesen, zuletzt knapp sechs Millionen Euro. Wie viel er davor kassiert hat, das bleibt im Dunkeln. Nur zum Vergleich: Die Bundeskanzlerin bringt es auf ein Jahresgehalt von 189 996 Euro, inklusive diverser Zulagen kommt sie auf 290 000 Euro im Jahr. Ein Professor erhält ein Grundgehalt von 67 344 Euro, eine Krankenschwester rund 28 500 Euro.

Ob es für Jain nun insgesamt 200, 300 oder 500 Millionen Euro sind – selbst für Konzernchefs sind solche Beträge in Deutschland unerreichbar. Mithalten kann allenfalls ein Unternehmer, dem sein Laden gehört (selbst wenn der brummt, ist es fraglich, ob der Chef so viel vom Gewinn entnimmt), sicher aber kein angestellter Manager. Wendelin Wiedeking, der als Porsche-Chef zeitweise an solche Fabelgehälter heranreichte, ist mittlerweile ausgeschieden aus dem Wettbewerb.

Deswegen ist Jains Argument, dass er woanders noch mehr hätte verdienen können, nicht falsch: Für Investmentbanker, die zu Hedge-Fonds oder Private-Equity-Gesellschaften abwandern, darf es auch mal dreistellig werden – in Millionen und pro Jahr gerechnet. Einer der Altmeister der Firmenjäger, Stephen Schwarzman vom Finanzinvestor Blackstone, hat in 20 Jahren 2,5 Milliarden Dollar zusammengeschuftet.

Eines soll nicht unterschlagen werden: Seit Anshu Jain nach Frankfurt gezogen ist, erfreut sich auch der deutsche Fiskus an der Monetarisierung seiner Talente: Der Spitzensteuersatz kommt voll zur Geltung. Kaum angekommen am Main, hat der Inder bekannt: Ja, ich zahle Steuern in Deutschland. Somit ist für den Co-Chef der Deutschen Bank auch ein Platz an der Spitze der besten Steuerzahler der Republik reserviert.

Der Titel als bestbezahlter Banker ist ihm sowieso kaum zu nehmen. Von Martin Blessing, dem Chef der teilverstaatlichten Commerzbank, droht keine Gefahr. Nach Jahren mit der politisch fixierten Obergrenze von 500 000 Euro schafft er es 2012 erstmals wieder über eine Million – und damit ist er auf Augenhöhe mit seiner Frau, der Investmentbankerin Dorothee Blessing, angestellt bei Goldman Sachs. Auch deren Deutschland-Chef Alexander Dibelius liegt eher unter Anshu Jain. Und sonst ist da nicht mehr viel an profitablen Banken im Land.

Dass Anshu Jain mit seinem Geld Ferraris kauft und sie irgendwo heimlich hortet, ist nicht anzunehmen. Ein erklecklicher

Teil seines Vermögens steckt in der Deutschen Bank, insofern leidet er mit Kleinaktionären wie Professor Wenger mit. Der Vorstandsvorsitzende ist wahrscheinlich sogar der größte private Eigner an der Bank.

Insgesamt 660389 Aktionären gehört ein Stück an der Deutschen Bank, 99 Prozent davon sind Privatleute. Auf sie zusammen entfällt allerdings nur ein Viertel aller Aktien. Der Rest liegt, sauber verstreut, in den Kellern der sogenannten institutionellen Anleger: Banken, Versicherungen, Fondsgesellschaften. Über die Meldeschwelle von 3 Prozent lugen nur Blackrock (mit knapp über 5 Prozent der Anteile) sowie die Credit Suisse und die Capital Research and Management Company.

Unter den privaten Eigentümern wiederum bilden die Investmentbanker die größte Gruppe, da sie teils mit Anteilen bezahlt werden. Mehrere Pakete davon hat Anshu Jain zwischendurch verkauft, nach dem zuletzt verfügbaren Geschäftsbericht hält er aktuell 552697 Aktien, dazu 346703 Anwartschaften – somit gehört ihm etwa ein Promille der Bank selbst. Zu einem richtigen Großaktionär fehlt da noch ein Stück. Immerhin entspricht das Aktienpaket einem Vermögen von 16,6 Millionen Euro, berechnet zu den mauen Kursen um die 30 Euro. Das bedeutet: Jeder Euro, um den Anshu Jain auf seinem Posten als Vorstandsvorsitzender die Aktie bewegt, wirkt sich mit einer halben Million Euro plus oder minus direkt auf seinem privaten Konto aus.

Das komplizierte Erbe
Die Gegenwehr des Josef Ackermann

Die Stabübergabe

2. Februar 2012, Bilanz-Pressekonferenz der Deutschen Bank im Hermann-Josef-Abs-Saal in Frankfurt, die letzte mit Josef Ackermann als Vorstandsvorsitzendem. »Die Zocker-AG« hat der *Spiegel* vorab getitelt. An jedem Kiosk der Republik hängt das Cover, darauf in Ackermanns Schatten der Kopf von Anshu Jain, der in der Titelgeschichte beschuldigt wird, der Welt die Krise und seiner Bank jede Menge Klagen eingebrockt zu haben.

Und was tut Josef Ackermann? Er verteilt Zensuren, schilt Vorstände wie kleine Buben. Die Investmentbanker hätten leider die erwartete Leistung nicht gebracht, während andere »geliefert haben«. Deshalb sei der versprochene Rekordgewinn von 10 Milliarden Euro nicht geschafft worden. »Er hat sich bemüht«, so ist die Note für Investmentbanker Anshu Jain zu verstehen: glatt durchgefallen, schade.

Der erste Fragesteller, erschrocken ob der Kühle, bittet den Vorstandschef deshalb: Herr Ackermann, mögen Sie Ihren Nachfolger nicht ein bisschen loben? Ein klein bisschen wenigstens?

Anshu Jain, links von Ackermann auf dem Podium postiert, zeigt keine Regung. Sein George-Clooney-Lächeln gerät allenfalls ein wenig gequälter als sonst. Was ihn stört, ist der Knopf im

Ohr. Unnötig groß sei das Ding, findet er. Als sollte er für seine mangelnden Sprachkenntnisse vorgeführt werden. Jains Leute nehmen sich fest vor, das nächste Mal unauffälligeres Gerät mitzubringen.

Als die Rede auf seine Beziehung zu »Joe« kommt, spricht Jain von einem »guten Arbeitsverhältnis«. Knapper, lebloser geht's nicht. Übersetzt heißt das: Der Rest an gegenseitiger Sympathie ist verbraucht. Man hat sich aneinander wundgerieben. Jede Berührung tut weh.

Dann fragt ein amerikanischer Korrespondent Jain auch noch kleinteilig nach unangenehmen Zahlen, und es passiert das, was nie passieren sollte und wogegen Manager seiner Klasse trainiert werden: Es blitzt die Arroganz des Investmentbankers auf. Der Reporter habe wohl seine Hausaufgaben nicht gemacht, blafft Anshu Jain zurück. Jürgen Fitschen, ganz außen am Rand des Podiums postiert, sagt die ganze Zeit keinen Ton.

Nach der Pressekonferenz mischt sich die Doppelspitze unters Volk. Sofort umschwirrt Jain eine Traube Journalisten: Spricht er Deutsch? Nein, tut er nicht. Er lächelt, gewährt keinen Einblick in sein Innerstes. Kein Wort über den Ärger, der die anderthalb Stunden zuvor in ihm hochgekocht sein muss. Immer weniger lässt sich jedoch verbergen, wie es im Inneren der Bank brodelt, wie alte und neue Führung sich ineinander verhakelt haben.

Es sind die kleinen Nicklichkeiten, die das Gesamtbild der einige Monate währenden Stabübergabe bestimmen. 24 Seiten Manuskript verliest Josef Ackermann in seiner Abschiedsvorstellung, der Hauptversammlung am 31. Mai 2012, zu eigenem Ruhm. Ein einziges Mal nimmt er die Namen der Nachfolger in den Mund: »Jürgen Fitschen und Anshu Jain können zusammen mit ihren Kollegen im Vorstand und dem Group Executive Committee sowie dem Aufsichtsrat auf dem gemeinsam Erreichten aufbauen und die traditionsreiche Geschichte dieser großartigen

Institution erfolgreich fortführen«, spricht Ackermann. »Dabei begleiten sie meine besten Wünsche – nicht zuletzt auch als Aktionär.«

Da haben die beiden bereits hören können, woran sie gemessen werden: an Josef Ackermann Superstar nämlich. Der ist eine Liga für sich. Weit weg von jenen, die er nicht als seine Erben wollte: Anshu Jain – in seinen Augen für die Nummer eins eine Nummer zu klein (ein Jürgen Fitschen kam für ihn sowieso nie infrage). Da muss er nicht viele Worte verlieren. Ackermanns Urteil ist offensichtlich: Die können es nicht. Wäre da nur eine Stelle als normaler Konzernchef zu besetzen, ja, dann vielleicht. Aber ein Deutsche-Bank-Chef, so wie er die Rolle interpretiert, ist weit mehr: ein Repräsentant Deutschlands, ein Weltenlenker. »Ich wurde überall in der Welt als Deutscher empfunden, und das habe ich nie dementiert«, erzählt Ackermann. »Als Herr Putin in Moskau zu mir sagte, hoffentlich spielen unsere Länder im Finale der Fußball-Europameisterschaft gegeneinander, hat er nicht die Schweiz gemeint, und ich habe ihm nicht widersprochen.« Einen Anshu Jain sieht er nicht auf diesem Parkett, allenfalls eine hervorgehobene Rolle hatte er dem Inder zugedacht.

Ackermann hatte einen anderen Nachfolger ausgeguckt: Chef von seinen Gnaden sollte Axel Weber werden, der ehemalige Professor, Wirtschaftsweise und dann Präsident der Bundesbank. »Die richtige Persönlichkeit kann alles lernen. Persönlichkeit aber kann man nicht lernen«, diktiert Ackermann im Februar 2011 spätnachts dem *Welt*-Reporter Jörg Eigendorf in Hongkong in den Block. »Für mich ist wichtig, wer steht, wenn es kritisch wird. In Krisenzeiten zeigt sich die Persönlichkeit.«

Diese Lobrede war auf Axel Weber gemünzt, zu ihm hat er seit den Nächten zur (vom Steuerzahler finanzierten) Rettung der Skandalbank Hypo Real Estate Vertrauen aufgebaut. Dieser Mann ist Ackermanns Wunschkandidat, damit war es raus. Denn er selbst werde seinen Vertrag nicht verlängern, hat Ackermann betont, »und auch nicht in den Aufsichtsrat der Deutschen Bank wechseln«. Mit einem Kerl wie Weber an der Spitze wäre dazu auch kein Bedarf. Mit Jain stellt sich die Lage anders dar, wie sich Monate später zeigen sollte.

Am 9. Februar 2011 wird Weber frei, steht offiziell als Kandidat zur Verfügung: Der selbstbewusste Professor ist auf dem Markt, nachdem er seinen Kollegen, der überraschten Bundeskanzlerin und dem Rest der Welt (in dieser Reihenfolge) verkündet, dass er hinschmeißt bei der Bundesbank, sich aus dem Rennen um den Präsidentenposten in der Europäischen Zentralbank nimmt: Trichet-Nachfolger soll ein anderer werden, notfalls sogar ein Italiener (am Ende wird's der Italiener Mario Draghi). Weber äußert sich enttäuscht über die fehlende Schützenhilfe der Kanzlerin im Streben an die EZB-Spitze: Keine Unterstützung habe es gegeben, »nicht mit einem Wort«.

Als Ackermann ihn offen als seinen Nachfolger ins Spiel bringt, begehren die Vorstände in der Deutschen Bank auf – es ärgert sie, dass »Joe« es wagt, ihnen jemanden vor die Nase zu setzen, der »noch nie eine richtige Firma geführt« hat. Notfalls müsse man den Aufsichtsrat einschalten, um die Schnapsidee zu verhindern. Das wird nicht mehr nötig sein. Einige Wochen später springt Axel Weber ab, er sagt in Zürich der UBS zu, der Schweizer Großbank, die in der Krise in die Notaufnahme eingeliefert werden musste.

Ackermann steckt in der Bredouille: Sein externer Favorit ist weg, die internen Kandidaten im Vorstand hat er entweder verprellt oder feinsäuberlich demontiert. Wer zaubert jetzt einen Mann von Format hervor? Es schlägt die Stunde des Clemens Börsig. Als Aufsichtsratsvorsitzender offiziell zuständig, hat er die ganze Zeit andere Ideen im Kopf als Ackermann; das Verhältnis der beiden ist schon lange zerrüttet (dazu später mehr). Wer von den beiden bestimmt nun, mit wem an der Spitze es in der Bank weitergeht? Ein zähes Ringen beginnt.

Die Intrigen in der Deutschen Bank steigern sich in diesen Wochen ins Absurde: Jeder traut jedem alles zu, jede Bosheit zumindest: Schießt du gegen meinen Kandidaten, zerstöre ich deinen. Verschwörungstheorien kursieren, bis zur Paranoia ist es nicht mehr weit. Treffen mit Bankern werden konspirativ, Vorstände mögen nicht mehr auf dem Dienstweg kontaktiert werden. Ein Affenzirkus. »Ein Abgrund an Verrat und Illoyalitäten«, sagt ein Aufsichtsrat. Die *Financial Times* spottet, die Bank verhalte sich wie Pleitestaaten in Südeuropa.

Und was sagen diejenigen, denen der Laden gehört? Sie sind entsetzt: »Das Vorgehen bei der Nachfolgeregelung schadet nicht nur möglichen Kandidaten, sondern insbesondere auch dem Unternehmen Deutsche Bank«, kritisiert Hans-Christoph Hirt von der britischen Investmentfirma Hermes, die mehr als 20 Pensionsfonds hinter sich hat mit einem Vermögen von mehr als 90 Milliarden Euro. Hermes investiert quer durch die wichtigsten deutschen Firmen. Hirt achtet auf die DAX-Konzerne; so ein Schauspiel wie bei der Nachfolgesuche in der Deutschen Bank bekommt er selten geboten.

Unverdrossen spricht derweil Aufsichtsratschef Clemens Börsig von einem »geordneten Prozess«. Daran glaubt niemand mehr, das Wort bringt es zum Running Gag in der Bankenstadt. Ackermanns Leute zeigen mit dem Finger auf den ungeliebten Gegenspieler: Der hat es verbockt! Börsig habe die Sache mit Weber hintertrieben. »Die haben nie wirklich mit mir verhandelt«, bestätigt im Nachhinein Axel Weber, der inzwischen in Zürich gelandet ist.

Am Ende erweist sich die Doppelspitze als Lösung: Börsig setzt die Idee mit seinem Favoriten Anshu Jain durch, dafür tritt er als Aufsichtsratschef ab und macht dort – welche Überraschung – Josef Ackermann Platz. Der tut das entgegen all seinen bisherigen Aussagen; quasi aus staatsmännischer Verantwortung lasse er sich in die Pflicht nehmen, zu drängend waren angeblich die Rufe.

Zuvor hatte der Schweizer selbst gesagt: »Ich wäre ein schlechter Aufsichtsrat, weil ich viel zu stark im Geschäft bin und nicht loslassen könnte«. Jetzt heißt es: »Ich bin gerne bereit, in den Aufsichtsrat einzutreten, um so auch in Zukunft der Bank dienen zu können.«

Ackermanns erliegt einer Fehleinschätzung. Seine Dienste als Aufseher sind gar nicht so gefragt, die Eigner der Bank bevorzugen »Jain pur«. Der Schweizer scheitert an einem neuen Gesetz, das für ausscheidende Chefs eine zweijährige Zwangspause vorsieht, ehe sie im Aufsichtsrat den Nachfolger kontrollieren – es sei denn, sie mobilisieren ein Viertel der Eigner für sich. Als Ackermann den Vorstoß wagt, lassen die Investoren ihn abblitzen. Am 14. November 2011 erklärt er schließlich seinen Verzicht. Als Begründung muss die Krise herhalten, wie immer. Die prekäre Lage auf den Finanzmärkten erfordere seine volle Aufmerksamkeit, angesichts der Strapazen in der Euro-Krise fehle ihm die Zeit, für die eigene Person zu werben.

Verbürgt ist jedoch, dass Ackermann sehr wohl in eigener Sache vorstellig wurde und die Investor-Relations-Leute der Bank hat rundrufen lassen – offenbar mit enttäuschendem Ergebnis: »Kein institutioneller Investor hat sich bedingungslos für ihn ausgesprochen«, berichtet ein Fondsmanager. Die Bank hätte die Stimmung womöglich drehen können, aber wollte sie das? Vor allem: Wollten das die beiden Neuen? Wohl kaum. In jenen Tagen kursiert sogar der böse Verdacht, das Jain-Lager hätte den Widerstand gegen Ackermann an der Eignerfront wenn nicht gezüchtet, so doch medial verstärkt. Wie auch immer: Die Investoren bekommen ihren »Jain pur«. An Ackermanns Stelle darf Paul Achleitner auf ihn aufpassen. Wie spaßig das wird, muss sich erst noch zeigen.

Das Ganze steigert sich auf der Hauptversammlung Ende Mai 2012 zu einem finalen Gipfel der Heuchelei, mit dem Statisten Jain auf der Bühne. Die Hauptrolle gebührt ein letztes Mal den Herren

Börsig und Ackermann. O-Ton Clemens Börsig: »Lieber Joe, ich möchte mich an dieser Stelle auch persönlich für zwölf Jahre konstruktiver und vertrauensvoller Zusammenarbeit – auch in herausfordernden Situationen – ganz herzlich bei dir bedanken.«

Ein artiger Josef Ackermann erwidert: »Ein besonderer Dank geht an dich, lieber Clemens. Anders als in der Öffentlichkeit manchmal dargestellt haben wir immer kollegial im Interesse der Bank zusammengearbeitet.«

Das ist der Moment, in dem sich mancher Deutsche-Bank-Manager in der Festhalle fremdschämt. »Natürlich muss man bei solchen Anlässen lügen, aber gleich so dicke?«, wispert einer. Die Aufsichtsräte, die in den Reihen dahinter wie auf der Stange sitzen, bewahren Haltung. »Welch ein Schauspiel!«, sagt einer am Abend, heilfroh, dass dieses Duell »A« gegen »B« überstanden ist: Zwei Manager reiten auseinander, in entgegengesetzte Richtung, am Himmel leuchtet die Abendsonne. Verletzt wurde niemand.

»A« gegen »B«: Die Geschichte eines Putschversuchs

All das Hickhack um die Kandidatenkür lässt sich nicht ohne einen näheren Blick auf das ganz spezielle Verhältnis zwischen Josef Ackermann (»A«) und Clemens Börsig (»B«) verstehen: Die beiden Manager sind fast gleich alt. Ackermann ist Volkswirt, Börsig Betriebswirt und Mathematiker. Im Übrigen trennen »A« und »B«, wie Deutschbanker sie nennen, Welten: Auf der einen Seite der weltgewandte Ackermann, ein Charismatiker mit knallhartem Charme. Auf der anderen Seite der spröde Börsig, ein linkisch wirkender Zauderer, bisweilen so tapsig wie im Kirch-Prozess, wo ihm partout nicht einfallen will, in welcher Straße er wohnt, der aber jedermann spüren lässt, wie unangemessen er die Vorladung als Zeuge empfindet. »Er kann wahnsinnig arrogant und abrupt sein«, sagt einer, der sich als Börsigs Freund bezeichnet.

Zunächst ist Clemens Börsig unter Ackermann Finanzvorstand. Dann braucht die Bank Ersatz für Rolf-E. Breuer: Der damalige Aufsichtsratsvorsitzende ist wegen der juristischen Händel mit Leo Kirch nicht länger zu halten, also befördert Ackermann seinen Finanzer in einem geschickten Coup nach oben: Aus dem Untergebenen wird so im Frühjahr 2006 der Chef, formal zumindest. »Herr Ackermann kommt heute meist zu mir ins Büro, während früher ich ihn aufsuchte«, witzelt der frisch gebackene Oberkontrolleur Börsig.

Im Winter 2008/9 kochen die Gerüchte hoch, er könne es darauf anlegen, selbst Ackermanns Nachfolger zu werden, wenn dessen Vertrag 2010 ausläuft – und sei es nur, weil sich sonst keiner aufdrängt. Darauf angesprochen, im Interview mit der *Frankfurter Allgemeinen Sonntagszeitung*, windet sich Börsig. »Die vertrauliche Behandlung von Personalentscheidungen über den Vorstand schließt ein, Spekulationen grundsätzlich nicht zu kommentieren«, lautet die Antwort schließlich in der autorisierten Form. Dabei wäre es für ihn ein Leichtes gewesen, die Gerüchte ein für alle Mal zum Verstummen zu bringen. »Ich als Ackermann-Nachfolger? Was für ein Unsinn«, hätte er sagen können, oder: »Vorher fliegt die Katze tot vom Dach«. Irgendetwas in der Art, notfalls in technokratisch gediegener Diktion. Er hat es nicht getan. Börsig lässt seine Ambitionen in der Schwebe. Wer Ohren hat zu hören, der höre, heißt es im Neuen Testament.

Offenbar schmeichelt ihm die Vorstellung, in den Vorstand zurückzukehren – als dessen Vorsitzender. Ob er die Idee dazu selbst hatte oder ob ihn die Kollegen im Aufsichtsrat, sein Freund Tilman Todenhöfer vorneweg, darauf gestoßen haben: die Sache gewinnt in den folgenden Wochen an Fahrt.

Im April 2009 reift die Idee zum konkreten Plan: Ackermann soll weg! Die Situation stellt sich zu dem Zeitpunkt folgendermaßen dar: Der Vertrag des Bank-Chefs läuft noch bis Mai 2010. Länger wolle er auf keinen Fall bleiben, hatte er stets gesagt, zuletzt gar damit kokettiert, früher zu gehen: Es gibt ja so viele spannende Aufgaben.

Warum ein Jahr warten? Warum nicht sofort die Pferde wechseln, mahnen die internen Ackermann-Kritiker, zumal in der Bank nicht alles zum Besten steht: Warum also nicht den Schweizer auskontern und Börsig umgehend als neuen Vorstandsvorsitzenden installieren?

Viel wird telefoniert in jenen Tagen im Frühjahr 2009, Allianzen werden geprüft, Verbündete gewonnen, Ratgeber von außen hinzugezogen – alles hochgeheim. Teils trifft man sich in Börsigs Privathaus. Das Vorhaben der Verschwörer ist delikat: Sie wollen Ackermann vom Thron stoßen, ohne hinterher als Verräter dazustehen: Schlachtpläne für eine Art »Gentleman-Putsch« werden entworfen, was im Grunde aber nicht gelingen konnte: »Anstand hin oder her«, sagt einer der Beteiligten, »am Ende siegen die längeren Messer.« Doch eines nach dem anderen:

Am Freitag, dem 17. April 2009, verabreden sich die Aufsichtsräte der Kapitalseite zu einer Schaltkonferenz, die Sache ist dringlich. Die Kontrolleure der Bank stimmen ab, was sie in den Tagen zuvor in wechselnder Besetzung besprochen haben: Die Mission Ackermann soll vorzeitig enden. Einer aus der Runde muss ihm die Botschaft überbringen, ihn dazu bewegen, freiwillig abzudanken – damit wird Clemens Börsig beauftragt, der im nächsten Schritt zum neuen Chef der Bank ausgerufen werden soll. Die Rückendeckung der Kapitalseite im Aufsichtsrat hat er, so ergibt das Gespräch.

Im Topmanagement identifiziert Börsig den Finanzvorstand Stefan Krause sowie Anshu Jain als potenzielle Verbündete, vor allem der Investmentbanker ist wichtig, da er unter den Vorständen der starke Mann ist. Er wird von Börsig eingeweiht. Die Planspiele sehen vor, Jain nach wenigen Übergangsjahren mit dem

CEO Börsig an die Spitze zu hieven – eine verlockende Perspektive für den Inder. Jetzt wäre es für ihn noch zu früh, heißt es.

Am Dienstag, dem 21. April 2009, treffen sich Börsig und Ackermann zum Lunch. »Ich weiß, worum es geht« – mit diesen Worten soll der Vorstandschef seinen Aufsichtsratsvorsitzenden begrüßt haben – nämlich, dass Börsig ihn beerben möchte. Damit hat der nicht gerechnet. Ihn erstaunt, wie »A« Wind von der Sache bekommen hat. Weitere Bedenken hegt er erst einmal nicht. Man isst zu Mittag. Danach verabschiedet sich »B« im Glauben, der andere füge sich in sein Schicksal: Ackermann willige ein, vorzeitig zu gehen und sich sodann dem Fortkommen seiner akademischen Karriere zu widmen.

Die Sache läuft glatt, glaubt die Gruppe, die das Geheimprojekt vorantreibt. Börsig wiegt sich in Sicherheit. Ackermann jedoch kämpft. Seine schärfste Waffe: gute Ergebnisse. Am Rande einer Veranstaltung im Frankfurter Airport-Club wirft er sich in Pose: Erfolgreiche Banken hätten im ersten Quartal Eigenkapitalrenditen von 25 Prozent erzielt, deutet er vielsagend an. Offiziell sind die Zahlen der Deutschen Bank erst für Dienstag, den 28. April vorgesehen – doch dann würden sie Ackermann nichts mehr nützen. Für den Tag davor ist die Sitzung der Aufsichtsräte terminiert, auf der sie ihn in die Schweiz verabschieden wollen. Die Putschisten beobachten wachsam, wie der amtierende CEO agiert, den Ängstlicheren unter ihnen schwant: Ackermann schlägt zurück. Er ist doch nicht bereit zu gehen: Warum sonst wirbt er in eigener Sache? Börsig vertraut weiter seinem Eindruck vom gemeinsamen Mittagessen.

Am Wochenende 25./26. April laufen die Vorbereitungen für den Tag X heiß. Ablaufpläne werden erstellt, Reden und Pressemitteilungen vorbereitet. Auf Knopfdruck soll die Aktion am Montag starten: Clemens Börsig wird neuer Vorstandsvorsitzender der Deutschen Bank. Ihm folgt Henning Kagermann als Vorsitzender des Aufsichtsrates. Josef Ackermann verlässt das Haus, garniert mit den üblichen Lobesfloskeln. Börsig fühlt sich sicher, konferiert eifrig mit Anshu Jain und den anderen, die er auf seiner Seite wähnt. Gegen Abend stellt sich bei manchem in Camp »B« jedoch ein flaues Gefühl ein. Einzelne Mitstreiter sind plötzlich nicht mehr erreichbar: Was tut sich da? Was hat die Gegenseite vor? Scheitert der Plan?

Montag, 27. April, der Tag der Aufsichtsratssitzung: Am Morgen meldet das *Handelsblatt*, dass die Deutsche Bank im ersten Quartal fabelhafte 25 Prozent Rendite erzielt hat: die Börse ist entzückt, macht Ackermann zum Tagesgewinner – immer das beste Argument für einen Vorstandschef. Börsig wird von Team »A« bearbeitet. Er möge die Folgen einer Revolte bedenken, so lautet die Botschaft. Es muss ziemlich bedrohlich geklungen haben. Irgendwann im Laufe des Tages zieht Börsig jedenfalls zurück, er wagt es nicht, Ackermann anzutasten, stellt sich gar nicht erst zur Wahl. Am Abend, nach mehreren Stunden Sitzung, beschließt der Aufsichtsrat einstimmig: Ackermanns Vertrag wird vorzeitig bis zur Hauptversammlung 2013 verlängert. Der Putschversuch ist gescheitert, Börsig der Blamierte. Ackermann habe die Bank erfolgreich durch die Krise geführt, heißt es in der offiziellen Mitteilung: »Mit seiner Entscheidung drückt der Aufsichtsrat seine hohe Anerkennung und Wertschätzung für Herrn Dr. Ackermann aus. Die Kontinuität in der Führung der Bank wird damit sichergestellt.« Börsig wird zitiert, er freue sich, dass Ackermann bereit ist, die Bank weiter zu führen: »Ich freue mich schon auf die weitere Zusammenarbeit mit ihm.« Ach wie putzig, so dichten Manager sich die Welt zurecht.

Wie wenig Anshu Jain die abrupte Wende in den Kram passt, liegt auf der Hand. Öffentlich verliert er darüber kein Wort. Im Kreise seiner Vertrauten soll er damit gedroht haben, ein weiteres Mal lasse er sich nicht düpieren, das nächste Mal sei er dran – so wird es über die Zeitungen aus London transportiert.

Für Josef Ackermann ist die Sache damit freilich nicht abgehakt. Er stuft die Vorgänge als das ein, was sie waren: ein Putschversuch. Das verlangt nach Rache. Clemens Börsig, der Rädelsführer, sei von Sekund an »aus der Familie ausgestoßen«, erzählen Ackermanns Getreue.

Donnerstag, 30. April 2009: Der Aufsichtsrat der Deutschen Bank sieht sich genötigt, Solidaritätsadressen für Clemens Börsig per Pressemitteilung in die Welt zu blasen: Das Gremium habe »unverändert volles Vertrauen« zu seinem Vorsitzenden und stehe »einhellig hinter ihm«. Im Mai tauchen dann – wie der Zufall es will, rechtzeitig zur Hauptversammlung – harte Vorwürfe gegen Börsig in der Öffentlichkeit auf: Er habe einen renitenten Aktionär bespitzeln lassen. Von »rechtlich zweifelhaften Nachforschungs- und Überwachungsaktivitäten« spricht die Deutsche Bank. Ein Mitverursacher sei der Aufsichtsratsvorsitzende, also Clemens Börsig. Für dessen Lager ist die Absicht dahinter klar: Börsig soll durch geschickt lancierte Vorwürfe aus dem Amt geschossen werden. Er selbst taucht erst mal ab, wehrt sich gegen Ackermann, indem er über Mittelsmänner verbreiten lässt, er lasse sich nicht erpressen. »Ich sehe keinen Grund zum Rücktritt«, zitiert ihn die *Frankfurter Allgemeine Sonntagszeitung*. Den Anlass dafür wird die sogenannte Spitzelaffäre auch im weiten Verlauf nicht liefern. Was genau war passiert?

Der Aktionär Michael Bohndorf, Jurist mit Wohnsitz Ibiza, war auf Hauptversammlungen der Bank über die Jahre lästig geworden. Er wurde offenbar von Detektiven ausgespäht, mit dem Ziel, seine Verbindungen zu Leo Kirch nachzuweisen, dem Intimfeind der Bank. Der Vorfall wird öffentlich, von Ackermanns Leuten mit dem Hinweis versehen, dass Börsig in seiner Zeit als Vorstand für die Konzernsicherheit zuständig war.

Die zweifelhaften Methoden seien »ausgelöst worden durch ein Gespräch zwischen dem Aufsichtsratsvorsitzenden und dem Leiter der Abteilung Investor Relations«. Börsig soll demnach den Investor-Relations-Chef Wolfram Schmitt gefragt haben, wer denn

Clemens Börsig (links) und Josef Ackermann verabschieden sich
im Mai 2012 von den Aktionären

dieser Bohndorf sei. Ein Detektiv macht sich auf, das herauszu-
finden. Als die Sache ruchbar wird, schaltet die Bank eine An-
waltskanzlei ein. Auch die Finanzaufsicht (BaFin) prüft. Wolfram
Schmitt, seit zwei Jahrzehnten in der Bank, wird gefeuert. Spektakuläre kriminelle Taten können nicht nachgewiesen werden. »Ein
paar Hundert Aktenordner später lösen sich die Vorwürfe in Luft
auf«, spottet das *Handelsblatt.*

Investor-Relations-Mann Schmitt heuert mit einer satten Ab-
findung in der Tasche in selber Funktion bei der Talanx-Versiche-
rung an. Aktionär Bohndorf, der Jurist aus Ibiza, nervt die Bank
noch immer. Börsig ist entlastet, bleibt aber beschädigt. Derart
gedemütigt, so sieht es zunächst aus, ist er keine Gefahr mehr für
Ackermann. Am Ende kommt alles ganz anders: Börsigs Kandidat Jain, der Verbündete im niedergeschlagenen April-Aufstand,
ist der neue Chef und Ackermann ganz draußen. Eine schräge
Pointe. Im Übrigen mögen sich alle. Später will niemand von der
ganzen Geschichte etwas gewusst haben. Einen Putsch habe es
nie gegeben, beteuern »A« wie »B«. Die Ereignisse aus dem April

2009 sind aus dem Gedächtnis gestrichen. Sie sollen den Nachruhm nicht belasten.

Was bleibt von Josef Ackermann?

Am Morgen nach dem Rummel tut die Sonne so, als sei nichts geschehen. Mit warmen Frühlingsstrahlen begrüßt sie die Stadt nach dem Großaufmarsch der Bankengegner. An diesem langen Wochenende im Mai 2012 hatte sich Frankfurt für einen Ansturm von Chaoten hochgerüstet. Der Occupy-Protest erlebte seinen Höhepunkt in Deutschland, die Protestler verjagten die Banker aus der Stadt. 5000 Polizisten übernahmen die Hoheit, U-Bahnhöfe wurden geschlossen, Läden in der Innenstadt verrammelt, die Banken hatten ganze Abteilungen dichtgemacht, sich rausgestohlen in die Außenbüros vor der Stadt oder die Belegschaft gleich im Flieger nach München verfrachtet, auf sicheres Terrain.

Jetzt, am Montagmorgen, strömen die Anzugträger zurück nach Frankfurt. Unversehrt glänzen die Zwillingtürme der Deutschen Bank im Licht, davor packen Gabelstapler hölzerne Paletten weg, die als Schutzwall gegen Gewalttäter gedacht waren.

Männer in T-Shirts von Sicherheitsfirmen wuchten Eisengitter zur Seite und anschließend auf die Ladeflächen von Trucks. Ein Security-Mann öffnet die Pforte zur Villa Sander, dem Gästehaus der Bank, nur ein paar Schritte von den Türmen entfernt. Sehr gediegen ist hier alles: getuschte Kunst an den Wänden, goldene Spiegel, der Saft frisch gepresst, die Rosen auf dem Tisch farblich abgestimmt mit der cremefarbenen Ledercouch, auf der Josef Ackermann empfängt: Was nervt ihn mehr? Der Zorn da draußen gegen die Banker als solche oder die Angriffe auf ihn persönlich in der internen Nachfolgekabale?

Der Sonne gleich tut der Schweizer so, als sei nichts passiert, und wenn doch, dann geht ihn das nichts an. Der Mann ist mit sich im Reinen. So was von entspannt. Zumindest liegt ihm sehr an diesem Eindruck. In seiner eigenen Bilanz hat er wenig bis gar nichts falsch gemacht: »Im Investmentbanking zählen wir heute global zu den Besten. Im Geschäft mit privaten Kunden hätte niemand geglaubt, dass wir so schnell so weit nach vorne kommen.«

Für die verpatzte Suche nach einem Nachfolger wiederum seien andere zuständig (»Der Aufsichtsrat entscheidet«), das schließlich gefundene Gespann Jain/Fitschen trage er voll mit: »Ich habe Anshu Jain stets gefördert.«

Und die Wut da draußen? Der nimmt Ackermann mit seiner Demut jeden Schwung: »Wir Banker haben Fehler gemacht, wir tragen erhebliche Mitschuld an der Finanzkrise.« Er selbst habe sich der Debatte immer gestellt. Wozu also in den Gassen rumkrakeelen?

Er selbst war auf Dienstreise, als in Frankfurt eine Art Ausnahmezustand ausgerufen wurde. 220 Banken sitzen hier auf engem Raum, das Gewerbe ballt sich in drei, vier Straßen. Die Kaufkraft der 70 000 Menschen, die hier arbeiten, nährt Feinkostläden, Modeboutiquen, Sportwagenhändler. 20 000 Menschen mit Trillerpfeifen und Transparenten brachte Occupy auf die Beine, gottlob friedlicher als befürchtet: Eine eingeworfene Scheibe im Stadtteil Rödelheim stand am Ende als Schaden für die Deutsche Bank zu Buche.

Die Furcht vor Randale jedoch war immens: Barclays hatte das Firmenschild abgeschraubt, die Privatbank Metzler das Sommerfest abgesagt, Goldman Sachs riet von Treffen mit Kunden in Nähe der Zentrale, im Messeturm, ab. So massiv sei ihr Berufsstand noch nie angegriffen worden, bestätigen Bankiers weit jenseits der Pensionsgrenze, die alles erlebt haben: Mord und Terror gegen Bankmanager, die tödliche Autobombe gegen den damaligen Deutsche-Bank-Chef Alfred Herrhausen. Danach, und nach dem 11. September 2011 ein weiteres Mal, hat die Bank die Sicherheit verstärkt, Vorstände werden, je nach Gefahrenlage, von einem oder mehreren Leibwächtern begleitet, die Post wird durchleuchtet: So wurde auch die Briefbombe italienischer Anarchisten an Josef Ackermann entdeckt und unschädlich gemacht, zum Glück.

So sehr die Banker in die Ecke zu den Bösen gestellt wurden, Ackermann machte für sich das Beste daraus. Nachdem er die Deutsche Bank unfallfrei durch die Turbulenzen der Finanzkrise gesteuert hat, schwang er sich zum globalen Klassensprecher der Topbanker auf: »Jede Krise bietet auch Chancen«, sagt er selbst. »Die gilt es zu ergreifen.« Ackermann hat sie ergriffen, hat seinen Namen zur Weltmarke poliert, hat die Rolle als Held der internationalen Bankenwelt genossen, da konnten die Kollegen zu Hause noch so granteln über die »Joe-Show«.

Eines ist unstrittig: Unter ihm hat die Bank die Krise besser gemeistert als viele andere. Ackermann hat das Haus global aufgestellt, das bleibt, in dem Punkt knüpfen Jain und Fitschen ohne Brüche an. »Ohne Josef Ackermann stünde die Deutsche Bank heute nicht so da«, bestätigt Hilmar Kopper, der Mann, der den Schweizer im Jahr 1996 nach Frankfurt gelockt hat – zunächst als einfachen Vorstand, freilich mit Aussicht auf den Chefposten. Dem Werben der Deutschen gab der Schweizer unter anderem deshalb so schnell nach, weil Kopper, Gentleman alter Schule, seiner Gattin Pirkko, einer Volkswirtin mit finnischem Pass, seinerzeit am Flughafen sogleich die Koffer abgenommen hat. Die scherzhafte Anekdote hören Freunde und Wegbegleiter, die Ackermann zu einem Abschieds-Apero ins Frankfurter Städel Museum geladen hat, ausgerechnet in der Woche, als die Protestbewegung zur Generalmobilmachung trommelt.

Über der Skyline und dem nahen Occupy-Camp, auf der anderen Mainseite vor der Europäischen Zentralbank, kreisen im Fünf-Minuten-Rhythmus die Polizeihelikopter, als die Musiker vor ihrem Auftritt witzeln: Trällert dieser Bank-Chef wirklich

Opernarien? »Ich singe oft unter der Dusche: ›La Traviata‹ und ›Die Macht des Schicksals‹«, hatte Ackermann einst verraten.

Kostproben bleibt er an diesem Abend der Festgesellschaft schuldig: Aufsichtsräte kommen, prominente Anwälte, deutscher Industrieadel, Frankfurter Gesellschaft: Friedrich von Metzler (der einige Wochen später die Deutsche Bank wegen der Libor-Schummeleien verklagen wird), das Ehepaar Börsig, auch Anshu Jain wird in einer schwarzen S-Klasse vorgefahren. Vom Occupy-Protest keine Spur, dabei hätten die Ackermann-Hasser (»Mach dich vom Acker, Mann« heißt eine Kampagne aus dem Attac-Lager) nur auf der Brücke über den Main spazieren müssen, doch nichts tut sich.

Die Herren von der Security auf den Stufen des Städel verbringen einen geruhsamen Abend. Das Einzige, was sich rührt, ist eine offenkundig obdachlose Pfandsammlerin, die mit ihrem Einkaufswagen voller Glasflaschen vorbeischlurft. Die Feierabendsportler der »Rudergesellschaft Germania 1869 e. V.« trinken nebenan unbeeindruckt auf der Terrasse ihr Bier. Auch die Jogger entlang dem Mainufer sind nicht sonderlich aufgekratzt an diesen Tagen, in denen eine Ära endet: Ackermann verlässt Deutschland. Er behält nur sein Mandat im Siemens-Aufsichtsrat, im Wirtschaftsbeirat des Berliner Schlosses, die Honorarprofessur an der Frankfurter Goethe-Universität sowie die Immobilie am Berliner Gendarmenmarkt, wo das Restaurant »Borchardt« untergebracht ist.

Was aber bleibt den Deutschen im Gedächtnis von Josef Ackermann, dem 1948 geborenen Arztsohn aus Mels im Kanton St. Gallen, den sie in der Kindheit »Seppi« gerufen haben? Die 25-Prozent-Rendite, für die er zum Hassobjekt auf Kirchenkanzeln und Fernsehtribunalen wurde? Die Geburtstagsparty im Kanzleramt? Das »Victory«-Zeichen im Mannesmann-Prozess, x-mal abgebildet? Sein Satz aus dem Gerichtssaal (gesprochen am 31. Januar 2004), dass Deutschland das einzige Land sei, »wo diejenigen, die erfolgreich sind und Werte schaffen, deswegen vor Gericht stehen«?

Nie hat er mehr unter den Deutschen gelitten als in jenen Tagen auf der Anklagebank, als er beschuldigt wurde, mit den Prämien an Vorstand Klaus Esser und Mannesmann-Aufsichtsräte Vermögen veruntreut zu haben. »Absolut unfair« sei mit ihm in der Öffentlichkeit umgesprungen worden, sagt Ackermann noch heute. Wie viel gefährlicher für ihn die internen Illoyalitäten damals waren, das leugnet er im Nachhinein. Die Kollegen, die in jenen Monaten darauf lauerten, ihn abzusägen, und die mit Rücktrittsspekulationen arbeiteten, will er nicht bemerkt haben: Warum jetzt alte Wunden aufreißen, da er sogar das Verhältnis zu Anshu Jain als »ungetrübt« definiert?

Ob es im Wirtschaftsleben überhaupt so etwas wie Freundschaft gebe, wollen wir von ihm beim Abschiedsbesuch in der Villa Sander wissen: Die Frage verstört einen Menschen wie Ackermann, der seit mehr als einem Vierteljahrhundert im Manager-Nahkampf trainiert: zunächst bei der Credit Suisse, wo er am Ende unterlegen ist (eine Erfahrung, die er von da an strikt zu vermeiden sucht), dann in der Deutschen Bank. Jeden einzelnen Tag geht es im Leben eines Spitzenmanagers darum: Stärke zeigen, Souveränität, Gefolgsleute sammeln, die Reihen geschlossen halten, jeden Zweifel an der eigenen Durchschlagskraft wegpusten.

Freunde? Eine romantische Vorstellung, gefühlig, irgendwie komisch, typisch deutsch halt. Schon als jungen Mann an der Hochschule in St. Gallen haben ihn, den Schweizer, die deutsche Kommilitonen befremdet mit ihrer Frage: Bist du ein wirklicher Freund? »Wahre Freunde erkennt man erst, wenn es einem schlecht geht«, spricht Ackermann. Besser also, man lässt es nicht so weit kommen, bis zum Test der Freundschaft.

Unter Managern kann es generell keine Freundschaften geben, glaubt ein anderer ausländischer Vorstandsvorsitzender, Kasper Rorsted, der Däne von Henkel. Es mag zu Verbrüderungen kom-

Das Erinnerungsfoto zur Stabübergabe: Clemens Börsig, Anshu Jain,
Josef Ackermann, Jürgen Fitschen

men, zu übereinstimmenden Interessen. Mehr aber nicht. Im
Zweifel ist man am nächsten Tag schon wieder Rivale, Wettbewerber, Konkurrent. Rorsteds Lehre daraus: »Be friendly, but no
friend – so habe ich es immer gehalten.« Freundlichkeit, offener
Umgang und Respekt – das ja, aber keine Freundschaft mit anderen Managern, da es im Umgang miteinander auch manchmal
hart zugeht: »Das hält eine Freundschaft im Zweifel nicht aus«,
sagt Rorsted, durchaus kein Raubein in der Chefetage.

Ackermann misst seinen Erfolg in öffentlicher Zuneigung.
Der Schweizer ist stolz darauf, dass ihn die Deutschen schätzen
gelernt haben. Dachten im Dezember 2006, im letzten Jahr des
Mannesmann-Prozesses, 59 Prozent negativ über ihn, waren es
zum Schluss noch 14 Prozent. »Für einen Deutsche-Bank-Chef
fast schon eine Liebeserklärung«, frohlockt sein PR-Wegbegleiter
Stefan Baron.

Der holprige Start
Eine Schlammschlacht ohnegleichen

»Dr. No« und andere Pannen

Erst der Kunde, dann die Firma, dann der Einzelne – so lautet, in der Theorie, der Anspruch an eine Bank. In der Deutschen Bank gerät in den Monaten des Übergangs einiges durcheinander. Fast ein Jahr dauert es, bis aus der designierten Doppelspitze im Juni 2012 endlich die amtierende Doppelspitze wird. In der Zwischenzeit tobt in der Bank ein »offener Krieg«, so berichten Manager, eine »Schlammschlacht ohnegleichen«.

Wem immer dies dienen mag, der Firma und deren Eigentümern sicher nicht: Investoren reagieren zunehmend ungehalten über die Machtspielchen, das Ganze spreche weder für »Leistung noch Leidenschaft«, ätzt Klaus Nieding, Vizepräsident der Deutschen Schutzvereinigung für Wertpapierbesitz, und nutzt dafür den Werbeslogan der Bank.

Mit einem deutlich erkennbaren »Noch bin ich der Chef«-Gestus sabotiert Josef Ackermann die eine oder andere Entscheidung der drängelnden Nachfolger, verweigert zum Beispiel seine Unterschrift unter die Maßnahmen der designierten Co-Chefs. Aus deren Lager wird ihm eine Strategie der verbrannten Erde unterstellt.

Die Lage gerät vollends außer Kontrolle, als Anfang März 2012 Anshu Jains Personalpläne nach außen »durchgestochen« werden: Vertrauliches gerät in die Presse. Noch ehe der Aufsichtsrat darüber diskutiert, meldet der Boulevard: »Ackermanns Getreue müssen gehen. Jain regiert durch: Investmentbanker im Anmarsch«.

Der oder die Verräter der Interna bleiben unentdeckt. Alle Eingeweihten, die dafür infrage kommen, leugnen hartnäckig: Die Doppelspitze hat sich mit Ackermann besprochen, der Nominierungsausschuss als Teil des Aufsichtsrates war im Bilde, ebenso die Finanzaufsicht (und somit mittelbar auch deren Dienstherr, das Finanzministerium).

Wem die Indiskretion schadet, ist offenkundig: Anshu Jain. Denn nun tritt genau das ein, was er unbedingt vermeiden wollte: Er startet unter dem Label »Söldnertruppe aus London erobert Deutsche Bank«. Die Aufsichtsräte sind verstört, die Kanzlerin gilt es zu beruhigen.

Kommunikativ ist die Lage verfahren: Der neue, von Jain und Fitschen engagierte Chefsprecher Thorsten Strauß, einst an der Seite von Bertelsmann-Chef Hartmut Ostrowski, sitzt zwar schon am Schreibtisch – will oder darf aber nicht nach außen auftreten, solange sein Vorgänger, Ackermanns PR-Mann Stefan Baron, in Amt und Würden ist. Wem dessen Loyalität gilt, ist klar: Josef Ackermann natürlich (den berät er privat auch nach beider Ausscheiden).

Anshu Jain vertraut deshalb auf externe Helfer: Eine PR-Agentur, Hering Schuppener, wird angeheuert (dazu mehr im nächsten Kapitel). Die Spin-Doktoren müssen ran und werfen sich mit Verve in die Schlacht: Wer nicht für uns ist, ist gegen uns. Eine von der Bank bezahlte Agentur kämpft gegen den von der Bank bezahlten Kommunikationschef – bizarr! Die Aktionäre (denen gehört das Geld eigentlich) stehen staunend daneben, lesen, wenig amüsiert, die saftig-blutigen Geschichten in den Blättern der Republik. Die komplette neue Aufstellung der Führung landet in den Gazetten, bevor die Aufsichtsräte einen Blick darauf geworfen, geschweige denn sie beschlossen haben, was laut Aktiengesetz ihr Recht und ihre Pflicht ist.

Die Blamage ist perfekt, als die Finanzaufsicht einen zentralen Mann aus dem Team herauskickt: Der Nachfolger für Hugo Bänziger als Risikovorstand darf nicht William Broeksmit werden, ein Jain-Gefährte aus alten Merrill-Lynch-Tagen. Er habe zu wenig Erfahrung, lautet das ungnädige Urteil der Aufseher. Der Manager hätte ein Jahr auf Probe arbeiten müssen, bevor er den sogenannten Banken-Führerschein bekommt. Das wollte Anshu Jain nicht riskieren, deswegen präsentiert er flugs den nächsten Kandidaten: Stuart Lewis, zuvor Bänzigers engster Zuarbeiter. Musste er morgens noch bangen, ob er zusammen mit seinem bisherigen Chef rausfliegt, war er abends dessen Nachfolger: Solche Kapriolen hält das Berufsleben nur an besonders gut aufgelegten Tagen bereit.

Da in so verrückten Zeiten sofort jemand auf den Plan tritt, der hinter jeder Wendung eine Verschwörung wittert – nun heißt es, die Politik stoppe Jains Durchmarsch –, sieht Finanzminister Wolfgang Schäuble (CDU) sich genötigt, öffentlich die BaFin-Beamten zu verteidigen: »Die Bankenaufsicht mischt sich nicht massiv in die Personalpläne von Banken ein, sondern macht, was ihre gesetzliche Verpflichtung ist.«

Broeksmit, der dem Publikum als Koryphäe verkauft wurde, ist demnach daran gescheitert, dass er in seinem gesamten Berufsleben keine Einheit geführt hat, die mehr als 150 Mitarbeiter hatte. Jain muss sich dies als taktischen Patzer ankreiden: Warum hat er nicht auf informellem Weg bei der Aufsicht vorgefühlt? Zudem haben seine Leute die Aktion »überinszeniert«, wie ein PR-Profi sagt: Man hat zu dick aufgetragen mit diesem ominösen »Dr. No«, der Geschichte um Broeksmit – dadurch erst ging die Personalie mit solcher Wucht nach hinten los.

Um nur ja den Eindruck zu vermeiden, Jain suche einen ihm ergebenen Handlanger fürs Risikoressort, haben die PR-Experten in ihrer Werkstatt an einer Gegengeschichte gehämmert und gefeilt:

Ein ganz harter Hund, ein eisenharter Bursche und Neinsager sei da im Anflug, so ging die Legende, ein fanatischer Risikokontrolleur, der den Investmentbengels schon das Zocken austreiben werde, der notfalls auch einen Anshu Jain in Handschellen legte. Wie von Geisterhand wurde in London der passende Titel »Dr. No« aufgetrieben und in Windeseile verbreitet. Komisch nur, dass der Spitzname in Frankfurt bis dahin niemandem geläufig war – was erst mal nicht gegen den Kandidaten, wohl aber gegen die Inszenierung spricht.

William Broeksmit, Sohn eines protestantischen Pfarrers aus Amerikas Mittlerem Westen, war mit Anshu Jain und Edson Mitchell schon Mitte der 1990er Jahre zusammen zur Deutschen Bank gekommen. Zwischendurch (2001) ging er zurück nach Amerika, wo er sich als Berater im Risikomanagement selbstständig machte. Im Jahr 2008, nach dem Lehman-Crash, holt Jain ihn zurück und gibt ihm eine Aufgabe: Risiken auskehren aus der Bilanz.

Als er strauchelt, ist die neue Führung beschädigt, was nicht zur Beruhigung der Nerven beiträgt. So kommt es am 16. März 2012, einem Freitag, zu einer denkwürdig lauten Aufsichtsratssitzung in den Bankentürmen: Kontrolleure meutern, weil sie nur abnicken sollen, was sie aus den Zeitungen erfahren haben: Zwei von ihnen stimmen deshalb gegen das neue Personaltableau – ein Affront!

Ackermann wiederum tobt, wie schäbig mit verdienten Männern umgegangen wird (»Hugo Bänziger war mein wichtigster Ratgeber in der Krise«). Die zu verabschiedenden Vorstände, Bänziger vorneweg, sind sowieso sauer. Als der Aufsichtsratsvorsitzende Börsig, nur mittelbegabt in kommunikativen Dingen, zu dürren Abschiedsworten anhebt, kommt es zum Eklat: Bänziger schlägt auf den Tisch, erbost über die Ungerechtigkeit, die ihm in seinen Augen widerfährt: Kein Wort des Dankes!, grollt der Mann, der selbst gerne Vorstandsvorsitzender geworden wäre: Vom Typ her ein Anführer wie Jain. Knallhart, eingeübt beim Schweizer Militär. Bisweilen schroff, trotzdem mit ergebener Gefolgschaft, die ihn bis zum heutigen Tage rühmt: »Bänziger wäre ein toller CEO geworden.«

Er selbst sieht das wohl ähnlich. Bänziger hat seine Ambitionen ziemlich offen gezeigt, hat hart gespielt im Nachfolgerennen; zu hart, unfair gar aus Sicht von Jain und Fitschen. Jedenfalls ist für ihn kein Platz mehr im neuen Team. Im Zweifel zählt Loyalität, nicht fachliche Qualität, wie meist in solchen Situationen: Ist von zwei Rivalen erst mal einer als neuer Chef ausgeguckt, ist der andere schnell weg.

Beispiele dafür gibt es zuhauf, angefangen mit Dieter Zetsche und Eckhard Cordes, beide einst Aspiranten auf die Schrempp-Nachfolge bei Daimler: Zetsche wurde König, Cordes tobte kurz, dann zog er weiter. Für gewöhnlich kehrt dann rasch wieder Ruhe ein ins Unternehmen – aber nicht so in der Deutschen Bank. Obschon die Schlacht entschieden ist, gärt es weiter. Zur verfahrenen Lage passt, dass die Strategiesitzung, geplant als Regierungserklärung Jains, abgesagt wird: 200 Topleute waren für den 11. April an den Genfer See ins Hotel »Le Montreux Palace« eingeladen, ehe sie von Josef Ackermann per Mail wieder ausgeladen werden: »Wir glauben, dass die Konferenz den größtmöglichen Nutzen bringt, wenn das neue Team seine Position übernommen hat und es in der Lage ist, die künftige Strategie und Struktur der Bank hinreichend detailliert zu diskutieren«, schreibt der Noch-Vorsitzende.

Selbst die Frage, wer mit welchem Motiv entschieden hat, das Treffen abzublasen, entfacht einen kindischen Streit um die Deutung: Wollte Ackermann Anshu die Premierenshow vermasseln? Oder hatte Jain plötzlich keine Lust auf eine Abschiedssause für Joe? Der Ausflug zum See fällt jedenfalls aus, damit auch die »Kick-off«-Veranstaltung, mit der die Doppelspitze die Gefolgsleute auf den neuen Kurs einschwören wollte. All dies hinterlässt ein verheerendes Bild in der Öffentlichkeit: Obwohl Fachleute die gute Performance der Bank anerkennen, hagelt es Häme und Spott für den verpatzten Führungswechsel »Jain und Fitschen starten mit einem belasteten Medienimage«, stellt der Beratungsdienst Media Tenor fest: »Anstelle des üblichen Antrittsbonus startet Jain mit einem moderaten Minus im Image, Fitschen mit einem knappen Ausgewogen.«

»Mich gibt es gar nicht«: Die Rolle der Einflüsterer

Anshu Jains Ausgangsposition ist verzwickt: Bevor er auch nur einen Mucks macht in Frankfurt, haben die Leute ein Bild von ihm vor Augen: Investmentbanker, London, also Zocker. Dieses Klischee sitzt. Dagegen muss man arbeiten, und dafür gibt es Experten. Den entsprechenden Auftrag, höchst prestigeträchtig und vermutlich fürstlich entlohnt, angelt sich die Agentur Hering Schuppener, der deutsche Marktführer auf dem Gebiet, sehr erfahren im »Reputationsmanagement«.

Die PR-Experten coachen Spitzenmanager zur medialen Fitness, proben mit ihnen Talkshows, Interviews und Pressekonferenzen. Die Themen »Zielorientierte Entwicklung der Soft Skills« und »Ressourcenaktivierung in kritischen Situationen« gehören zu ihrem Angebot. Denn wie heißt es so schön auf ihrer Homepage: »Führung ist Kommunikation«.

So ein Image von Topleuten formt sich nicht von alleine, viele Fachkräfte sind heutzutage an der Inthronisierung eines neues Chefs beteiligt: PR-Berater, Stilberater, Coaches. Die richtige Krawatte, die richtige Botschaft, kurz: der richtige Auftritt ist einzustudieren.

»Positionieren Sie mich«: So fleht für gewöhnlich der Vorstand, der fürchtet, dass er in der Öffentlichkeit zu schlecht wegkommt.

Entweder hat er noch gar kein Profil, kein angemessenes (aus seiner Sicht) oder gar ein schlechtes. Und da Manager gerne alles kontrollieren, auch das Bild von sich selbst, geben sie einiges Geld dafür aus (meist das der Firma, nicht eigenes), dass an ihnen so lange poliert wird, bis sie in der Öffentlichkeit erstrahlen.

Was sie gerne über sich lesen, hört sich in etwa so an: der Brückenbauer, der Vordenker, wahlweise auch der Querdenker. Der scharfsinnige Analytiker oder der brillante Visionär klingt auch ganz fein. Ihr Führungsstil ist stets kollegial, ganz wichtig ist ihnen das Team. Und nie haben sie sich nach einem Amt gedrängt, auf dem Weg an die Spitze gar die Ellbogen ausgefahren: »Ich war zum richtigen Zeitpunkt am richtigen Ort« lautet die entsprechende Phrase. So läuft der Hase im Managermärchen.

Da sich solche Geschichten nicht von alleine spinnen, gibt es dafür Experten. Sie sitzen entweder innerhalb der Firmen in den Kommunikationsstäben, die in DAX-Konzernen schon mal 200 oder 300 Köpfe umfassen, oder es handelt sich um extern eingekaufte Helfer für die besonders kniffligen Situationen.

Für die gedungenen PR-Profis hat sich der Begriff der »Spin-Doktoren« eingebürgert, eine Berufsbezeichnung für Einflüsterer, die dafür bezahlt werden, Schlagzeilen den rechten Dreh zu geben. Leute, die Legenden stricken, Gerüchte verbreiten, Karrieren fördern oder auch mal zerstören. Leute, die dann aktiv werden, wenn die offizielle Pressestelle überfordert ist oder nicht eingreifen darf.

Strikt regelt das Gesetz, was einem Unternehmen gestattet ist und was es nicht nach draußen tragen darf. Wer dagegen verstößt, muss mit harten Strafen rechnen – nicht nur in Amerika, dort aber besonders. Zur Abwehr von »Insider«-Skandalen wurden die Regeln unter der Flagge des Anlegerschutzes erheblich verschärft, weswegen Firmen zum Spiel über die Bande ausweichen: Informationen streuen sie nicht selbst, sondern Mittelsmänner, und die tun das bisweilen am Rande der Legalität. »Wir haben nie gesprochen«, enden solche Gespräche, wenn die Spin-Doktoren geheimnisvoll tun wollen. Oder besser noch: »Mich gibt es gar nicht.«

Gerne treten diese Herrschaften in der Grauzone auf, sie liefern die Zwischentöne, Gerüchte und Deutungen, Wahres wie Halbgares. Und immer tauchen sie dann auf, wenn es kracht: bei Krisen, Übernahmen, innerbetrieblichen Schlammschlachten. Wenn es um Leben oder Tod geht, wie Alexander Geiser sagt, ein Star der Szene, Managing Partner bei Hering Schuppener und Vertrauensperson für Anshu Jain, den er seit Monaten intensiv betreut.

Leute wie er werden geholt, um »Schicksale durch Worte zu wenden«, schreibt Rainer Hank im April 2012 in der *Frankfurter Allgemeinen Zeitung*: »Für eine gelungene Erzählung braucht es stets Kasper, Tod und Teufel. Das ist auf dem Jahrmarkt der Kinderbuden nicht anders als in der Welt des großen Geldes.«

Alexander Geiser hat für seine Kunden die Rolle des Kaspers reserviert, sie sind die Helden, die Guten. Dazu fertigt er Mythen des Alltags, keine Lügen, wohlgemerkt. Die, so behauptet die Agentur, sind ein Kündigungsgrund.

Geiser ist ein gewiefter Erzähler, einer, dem die Vorstände vertrauen, der in Eloquenz und Habitus einem Investmentbanker nahekommt: dunkler Anzug, weißes Hemd, gescheiteltes Haar, randlose Brille, internationaler Lebenslauf: Aufgewachsen in Kanada, hat er an der University of Western Ontario Betriebswirtschaftslehre und Politik studiert, später (2000) an der renommierten INSEAD Business School das »Strategic Mergers & Acquisitions«-Programm draufgesetzt. Über Stationen in London und New York landet er im Jahr 2001 in Deutschland. In mehr als 100 Transaktionen war er eingeschaltet, von den 50 größten deutschen Firmen hat er 30 in der Kundenkartei. Die Deutsche Bank ist darin neu.

Als die legendäre amerikanische Private-Equity-Gesellschaft Kohlberg Kravis Roberts Anfang des Jahrtausends deutsche Beute wittert, ist er es, der für sie das Terrain sondiert. Continental verteidigt er gegen die Schaefflers, die Kugellager-Könige aus Franken. Und Dirk Notheis, damals Morgan-Stanley-Chef in Deutschland, rät seinem Kumpel Stefan Mappus, damals Ministerpräsident in Baden-Württemberg, für den Kauf der Anteile am Energiekonzern EnBW: Nimm den Geiser, der bringt dich auf die Titelseiten, dann hast du die öffentliche Zustimmung im Sack.

Nun ja, fast hätte es geklappt, am Anfang zumindest. Aber auch die besten Spin-Doktoren können nicht zaubern. Notheis und Mappus werden abgeworfen vom Karrierekarussell. Hering Schuppener hilft der anrüchige Milliarden-Deal zumindest in den einschägigen League Tables: Laut dem Fachblatt *Mergermarket* verteidigt die Agentur acht Jahre in Folge den Spitzenplatz unter PR-Unternehmen, die sich um Fusionen und Übernahmen kümmern.

Seit 2004 war die PR-Firma an über 240 Deals mit mehr als 200 Milliarden Euro Transaktionsvolumen beteiligt. Alexander Geiser ist ihr Paradepferd, der »Rainmaker« im Investmentbanker-Sprech. Der Mann ist so gut im Geschäft, dass er es sich erlauben kann, bei den Klienten wählerisch zu sein: keine Rüstung, keine Zigaretten, kein Scientology, auch sonst keine Kirche.

Auf 160 Mitarbeiter ist die Firma gewachsen, damit ist Hering Schuppener einer der Großen in einer jungen Branche, die sich erst in den letzten Jahren herausgebildet und professionalisiert hat: Mehr Kapitalmarktkompetenz ist heute gefragt, weniger der »Mann fürs Grobe«.

Konkurrenten Geisers sind die international verankerten Agenturen Brunswick, FTI Consulting, CNC (gegründet von den beiden Ex-Daimler-Männern Christoph Walther und Roland Klein), seit Kurzem im Besitz des französischen Werbekonzerns Publicis, der auch noch mit der MSL Group in Deutschland am Start ist. Außerdem tummeln sich auf dem Feld Haudegen wie Norbert Essing oder Ex-*Bild*-Chefredakteur Hans-Hermann Tiedje mit seiner Firma WMP (mit Ex-Porsche-Chef Wendelin Wiedeking als Teilhaber).

Hunderte von Experten, darunter eine ganze Reihe ehemaliger Journalisten, verdienen ihr Geld heute mit dem, was man als Finanzkommunikation im weitesten Sinn bezeichnet. Oft treten sie im Gefolge von Investmentbankern auf – was die Gagen der PR-Strategen weniger horrend erscheinen lässt. Die Tagessätze von Spitzenleuten erreichen gut und gerne 5000 Euro. Wie viel die Deutsche Bank Alexander Geiser und seinem Team pro Tag und Kopf bezahlt, verrät keine der beiden Seiten.

Der »Fall Anshu Jain« ist auch für einen Profi wie ihn die Krönung. Das Ganze ist hochkomplex, jeder von außen kommende Kandidat hätte wohl angesichts des Hickhacks irgendwann hingeschmissen. So einen vertrackten Chefwechsel hat Geiser jedenfalls noch nie erlebt, und er hat etliche Topmanager ins Amt begleitet. Selten ist »Ressourcenaktivierung in kritischen Situationen« so dringend wie im Fall der Deutschen Bank.

Obwohl er ein Mann der Praxis ist, kann PR-Stratege Geiser von den kommunikationstheoretischen Grundlagen seines Gewerbes anschaulich erzählen: Mehr als sieben Dinge kann sich demnach kein Mensch gleichzeitig merken. Das bedeutet für ihn: die Erzählung vereinfachen, nie zu komplex werden! Zudem hat jede Gruppe, die in so einem Prozess angesprochen wird, ihre eigene Sicht. Für jede dieser Zielgruppen muss eine eigene Geschichte gefunden werden. Die Investoren in New York erwarten einen anderen Anshu Jain als das Kanzleramt in Berlin, die Betriebsräte wollen noch einmal etwas anderes hören.

Alle werden bedient, was nicht heißt, dass ein Bild von Jain zurechtgelogen wird: Geisers Leute meißeln nur jeweils einen anderen Ausschnitt der Realität heraus: Anshu Jain, der Leistungsfanatiker für die Kapitalmärkte, Anshu Jain, der Wertebewusste für die Politik, Anshu Jain, der Demütige und Bescheidene für den Rest – es gibt einfachere Aufgaben bei einem Mann seines

Kalibers. Anshu Jain aber weiß: Über Erfolg oder Mißerfolg entscheiden mehr als nackte Zahlen. Ein Chef der Deutschen Bank hat eine besondere Stellung, sein Wort hat Widerhall in der Gesellschaft – und sei es, dass es ihm von professionellen Helfern eingeflüstert wird.

»Anshus Army«
Das neue Team

Soldaten oder Sardinen? Die Lehre vom Schwarm

»Ich komme alleine«, hatte Anshu Jain, frisch nominiert, im kleinen Kreis erklärt: Er wechsle nach Frankfurt ohne eigene Truppen – es klang wie: »Ich komme ohne Waffen«. Jain wusste um die Angst vor den Eroberern aus London.

Die ersten Personalien, die im Frühjahr 2012 publik wurden, verstärkten diese Furcht: So ganz alleine kam Jain dann doch nicht. Jeder Gurkenfabrikant setzt Leute seines Vertrauens auf die wichtigsten Posten, so hält es Anshu Jain auch als neuer Co-Chef in der Deutschen Bank. Nur dass in seinem Fall gleich kriegerische Untertöne mitschwingen: Der Fremde bringt seine Armee mit, heißt es sofort. »Anshus Army« hat sich als Titel festgesetzt, »Anshus Team« klänge eindeutig langweiliger. Nicht nach Befehl und Gehorsam.

Einer, der sein Geld mit Investmentbankern (auch denen von der Deutschen Bank) verdient und sich an der soldatischen Metaphorik stört, will die Dinge zurechtrücken: Personalberater nennt er sich selbst, Headhunter – Kopfjäger – sagt der Volksmund: ein smarter, sportlicher Typ, Mitte 40, hohe Stirn, der Anzug keinesfalls von der Stange.

Mit ihm verabrede ich mich eines Morgens im »Frankfurter

Hof«, dem Fünf-Sterne-Hotel im Herzen der Stadt, ergiebiger Jagdgrund für Finanzleute: schwere Kronleuchter an der Decke, die Gespräche in den tiefen Sesseln gedämpft. Der Kellner serviert den Kaffee auf dem Silbertablett. Und der Personalberater echauffiert sich erst mal über das »militärische Gequatsche« in Zusammenhang mit Anshu Jain: Da läuft keiner mit dem Gewehr im Anschlag durch die Säle und bellt Befehle. Nichts ferner als das. Anshu Jain ist anders, keiner von den Raubeinen, die dem Investmentbanker-Klischee nacheifern: dicke Hosenträger, dicke Hose.

Nein, der Personalberater bewundert den Inder, »einen der gescheitesten Menschen, die es gibt«, wie er sagt. »Er hatte den Auftrag, eine Investmentbank zu bauen. Das hat er geschafft, alle anderen in Deutschland nicht: Das ist eine unendliche Leistung. Die Deutsche hat eine der geilsten Handelsmaschinen, die es gibt. Das weiß jeder.« Ist es deshalb gemütlich mit Anshu Jain? Keineswegs. »Anshu ist klug, aber fern von jeder Sozialromantik.«

Der Name »Darwin« fällt mehrfach, als der Headhunter aus der freien Wildbahn berichtet: von Alphatieren, denen im Konzern der Boden unter den Füßen weggezogen wird, wie es knarzt im Geäst der Deutschen Bank und wie mancher sich morgens fragt, ob seine Visitenkarten abends nur noch zum Altpapier taugen.

Geht's deswegen militärisch zu? Mit Drill und Kasernenhofton? Gerade nicht, sagt unser Jagdexperte und kehrt zurück zur Natur: Die DNA der Investmentbank in der Deutschen Bank wurde künstlich geschaffen, im Labor nach angelsächsischem Vorbild, von Leuten wie Mitchell und Jain: »Eine High-Efficiency-Kultur« haben sie etabliert, fernab der Sex & Drugs-Vorurteile: »Typen wie Jain verachten Koks, Drogen sind ein Eingeständnis der Schwäche.« In dieser Welt gibt es keine Entschuldigungen, keine Ausreden. Es gilt das darwinistische Prinzip des »Up or out«: Aufstieg oder Abschied, ähnlich wie bei McKinsey und anderen Unternehmensberatungen, nur erbarmungsloser. Kein Vergleich zu den altväterlichen Bankern früherer Tage, die teils als Lehrling angefangen haben und dann ein Leben lang blieben.

In der neuen, der angelsächsischen Welt erneuert sich dieses System permanent wie von alleine, es richtet sich jeden Tag neu aus, synchronisiert sich: Alle streben nach maximalem Profit. Wer nicht mithält, wird abgestoßen: Das macht das angelsächsische Investmentbanking so erfolgreich. »Ein Anshu Jain muss niemals sagen: Seht her, ich bin der General. Wer dies leugnet, macht freiwillig Platz, der ist einen Moment später weg.«

Ein Rauswurf ist in dieser Logik nicht unbedingt etwas Schlimmes. Wenn jemand aus dem Team entfernt wird, dann zu dessen eigenem Vorteil: Wir wollen dich nicht unglücklich machen, heißt es dann, dich nicht damit belasten, wie die anderen leiden unter deiner mangelhaften Leistung.

»Man kauft in diesem System Loyalität. Man ist loyal zu seinem Anführer. Wer gefeuert wird, sieht das nicht emotional.« Da sich solche Entwicklungen anbahnen und der pfiffige Banker es registriert, wenn sein Stern am Sinken ist, ruft er rechtzeitig den Headhunter seines Vertrauens an: »I might be open for a change«, beginnen solche Gespräche: »Ich könnte für einen Wechsel offen sein.« Ein ordentlicher Aufhebungsvertrag erleichtert in der Regel die Neuorientierung.

Wie jedes Leittier hat der Anführer der Investmentbanker sich immer wieder seiner Gefolgschaft zu versichern. Beurteilt werden seine Fähigkeiten danach, was er für seine Leute an Bonus und Privilegien erkämpft, wie er sie anspornt und bei Laune hält. Wechseln zu viele, fällt das auf den Chef zurück: Er ist nicht fähig, seine Leute an sich zu binden – ein vernichtendes Urteil über die Führungsqualitäten.

Anshu Jain hat für seine Londoner Gefolgsleute stets vehementer gestritten als alle anderen Vorstände für ihre jeweiligen Bereiche, so berichten sie in der Deutschen Bank. »Das verschafft Respekt«, erklärt der Personalberater, und dann fällt ihm das Bild von den Fischen ein: Ein Schwarm Sardinen beschreibe die Investmentbanker viel treffender als das Gerede von »Anshus Army«: »Tausende Sardinen schwimmen synchron. Ohne dass ein Befehlshaber befiehlt: Jetzt schwimmen wir hierhin oder dorthin. Die einzelne Sardine käme gar nicht auf die Idee auszuscheren.« Schmeichelhaft für die einzelne Sardine ist das nicht.

Der engste Machtzirkel: Eine Multikulti-Truppe

»Die Deutsche Bank ist tot, es lebe die Deutsche Merrill Lynch«, so begrüßte die *Börsenzeitung* am 29. Mai 2012 das neue Team und spielte auf die karrieretechnische Herkunft von Anshu Jains Leuten an: Die Merrill-Lynch-Clique, die im Gefolge von Edson Mitchell einst zur Deutschen Bank stieß, hat das Investmentbanking dort vorangetrieben. Sie bestimmt jetzt den Kern der Führung: Anshu Jain hatte sich bei Merrill zum Managing Director hochgearbeitet. Henry Ritchotte, als neuer Chief Operating Officer nun seine rechte Hand, kam von dort (und auch William Broeksmit, der als Risikovorstand vorgesehen war). Außerdem Colin Fan, der neue Chef der Investmentbanker – ein eingeschworenes Gespann, das Merrill Lynch noch zu besseren Zeiten verlassen hat, lange vor Lehman, lange bevor das Haus in einer 50-Miliarden-Dollar-Rettungsaktion von der Bank of America aufgefangen wurde.

Unstrittig ist ferner: Noch nie wurde die Deutsche Bank von einer so bunten Truppe regiert. Dem Multikulti-Vorstand gehören nur drei Deutsche an, so wenige wie noch nie, die Ausländer sind mit vier Köpfen in der Mehrheit. Im Group Executive Committee, dem Führungsorgan, angedockt an den Vorstand, das die globalen Geschäftsbereiche und die Regionen koordiniert, sind ganze sechs von insgesamt 18 Mitgliedern Deutsche, »zehn Nationalitäten sind dort vertreten«, sagt Jain und zählt auf: »zum Bespiel Amerika, Österreich, Südafrika, China, Australien und Kanada«.

Die Führung spiegelt die globale Ausrichtung des Konzerns. »Die Deutsche Bank zählt Menschen aus 150 Nationen in ihren Reihen«, sagt Jain. »Und bleibt doch fest in Deutschland verwurzelt.« Den Satz schiebt er rasch hinterher.

Das internationale Team sei eine unmittelbare Folge der Anforderung der Kunden, besänftigt er all jene in der Industrie, die einen Abzug »ihrer« Bank in Richtung London befürchten.

»Ich will das absolut beste Team«, hatte Jain kurz nach seiner Ernennung verkündet, »eine siegeshungrige Mannschaft« – eine Spitze gegen Vorgänger Ackermann, dem sie in der Bank schon länger eine allzu bräsige Führungskultur nachsagten. »Joe ist zu nachlässig mit Underperformern«, moserten Vorstände, die sich eine härtere Gangart wünschten.

Ackermann dagegen hielt es sich als menschliche Stärke zugute, all die Jahre mit demselben Team im Vorstand zusammengearbeitet zu haben: »Ich stehe zu meinen Mitarbeitern, auch wenn das im Nachhinein von manchen als übertriebene Treue kritisiert wird.«

Kein Zweifel, wo Jain in diesem Disput stand: bei jenen, die permanente Höchstleistung fordern, ohne Rücksicht auf frühere Verdienste. Nichts anderes ist vorstellbar bei einem Mann, der sich selbst ein aggressives Verhältnis zu schlechten Ergebnissen bescheinigt. Somit war von vornherein klar: Neue Köpfe müssen her. Dass dabei auch machttaktische Erwägungen eine Rolle spielen, versteht sich von allein: So läuft's immer, wenn ein neuer Chef kommt; im Sport, in der Politik, in hierarchiegläubigen Konzernen sowieso.

Hugo Bänziger, Jains Rivale im Nachfolgerennen und Ackermanns wichtigster strategischer Ratgeber, wurde deshalb als Erster verabschiedet, außerdem die altgedienten Fahrensmänner Hermann-Josef Lamberti (IT, Personal), Kevin Parker (für das

Asset Management zuständig) und der Schweizer Pierre de Weck, verantwortlich für das Private Wealth Management; die beiden Letztgenannten fanden sich seit Jahren immer mal wieder auf der Abschussliste.

Der engste Machtzirkel konzentriert sich nun um Anshu Jain und seine Getreuen: die angesprochene Merrill-Lynch-Clique, dazu ein Italiener, in London sozialisiert, ein Österreicher mit Skylineblick sowie ein gebürtiger Ostfriese, der am liebsten Englisch spricht. Was sind das für Leute? Keine von der Sorte der Altvorderen jedenfalls, vom Schlage eines Hermann Josef Abs oder Hilmar Kopper, der späteren Bank-Chefs, die ganzen unten begonnen haben, als Lehrling.

Die Neuen haben keinen Abschluss als Bankkaufmann, dafür im Zweifel einen MBA einer angelsächsischen Business-Schule. Sie sind nicht den engen Kamin in der deutschen Konzernverwaltung hochgestiegen, sondern haben auf dem Weg nach oben die Welt gesehen, sie haben im Zweifel länger in New York oder London als in Frankfurt gelebt. Wie sieht das in Jains neuem Team genau aus?

Seine rechte Hand im Vorstand, Henry Ritchotte, entspricht dem Prototyp des smarten Globetrotter-Managers. Als Chief Operating Officer (COO) ist der Mann für das Operative, das Tagesgeschäft, zuständig. Dazu gehört auch die im Banking so wichtige IT – die Position hatte er unter Jain schon in der Investmentbank inne (seit 2010), nachdem er zeitweise in Singapur und Tokio Führungsaufgaben übernommen hatte. Ritchotte, ein hagerer Brillenträger mit amerikanischem Pass, hat seine Karriere nach Master (in ostasiatischen Studien) und MBA 1993 bei Merrill Lynch in New York begonnen. Der Investmentbanker spricht angeblich sechs Sprachen, auch Deutsch, wenngleich das bisher wenig zum Einsatz kommt: Ritchotte ist seltener Gast in den Doppeltürmen, monieren Deutschbanker: »Der schottet sich ab, regiert von London aus.« Das gesellschaftliche Parkett am Main wird ohne ihn auskommen müssen. Die Gebräuche in der Bank passen sich mit Leuten wie Ritchotte internationalen Gepflogenheiten an, und das noch mehr als schon unter Ackermann.

Eine Schlüsselrolle in Jains Konzept kommt Michele Faissola zu, einem Italiener, Mitte 40, ebenfalls schon seit 1995 in der Bank; als Nachwuchstalent kam er von der Banca di Roma. Für die Deutsche Bank baute er in London das außerbörsliche Derivategeschäft auf, wird im Jahr 2000 zum Chef des weltweiten Derivategeschäfts befördert, puscht die Deutsche zu einem der weltgrößten Anleihen- und Rohstoffhändler hoch. Schulter an Schulter mit Anshu Jain steigt er zu einem der Spitzenverdiener im Konzern auf.

Faissola entstammt einer norditalienischen Bankiersfamilie, sein Onkel, Corrado Faissola, war von 2006 bis 2010 Präsident des italienischen Bankenverbandes, er selbst hat für die Banca Nazionale dell'Agricoltura die ersten Konten geführt.

Bis heute hält er Kontakt zum italienischen Industrieadel, wird deshalb gelegentlich mit Promi-Unternehmern in Mailand oder Rom gesichtet – was ihm auf dem neuen Posten vielleicht nützt: Faissola kümmert sich um das Asset Management, ganz grob: die Vermögensverwaltung. Das ist der Bereich, in dem laut Jain am meisten auszukehren ist, wo er auch die größten Chancen sieht. Die Sparte hat in den vergangenen Jahren diverse strategische Schwenks erlebt, manches wurde verhunzt, nie wurden die Ansprüche der Bank erfüllt.

Josef Ackermann hat das Asset Management deshalb im November 2011 ins Schaufenster gestellt, 30 bis 40 Interessenten haben sich gemeldet, ein Dutzend hat näher reingeschaut. Die exklusiven Verhandlungen mit der amerikanischen Investmentfirma Guggenheim Partners sind jedoch im Sommer 2012 geplatzt – einer der ersten Akzente der neuen Doppelspitze. Statt das Asset Management für wenig Geld herzugeben, wollen Jain und Fitschen den Bereich ausbauen: Wenn man es richtig anstellt, so ihre Überzeugung, ist dort etwas zu holen. Faissola, eher ein Quereinsteiger im neuen Job, hat nun als Head of Asset & Wealth Management als Mitglied des Group Executive Committees die Aufgabe, das Sammelsurium auf Profit zu trimmen. Das bedeutet, es soll enger mit dem Investmentbanking zusammenrücken. Dies schmeckt nicht jedem Kunden. Unabhängige Vermögensberater frohlocken schon, dass ehemalige Deutsche-Bank-Kunden zu ihnen abwandern, wenn ihnen die Investmentbanker ihre komplexen Konstrukte andrehen wollen, an denen vor allem einer immer verdient: die Bank.

Die Klientel des Italieners ist äußerst vielfältig. Dazu zählen Deutschlands Superreiche, die über den Notkauf der ehemals feinen Privatbank Sal. Oppenheim in die Deutsche Bank eingegliedert wurden, aber ebenso Lieschen Müller, die ihre Rente auf Fonds der DWS baut, Deutschlands größter Fondsgesellschaft mit 130 Milliarden Euro verwaltetem Vermögen.

Drei Jahre nach Faissola und Jain stieß ein Überflieger zu den Londoner Investmentbankern: Colin Fan, 1973 in China geboren (er spricht fließend Mandarin), in Kanada aufgewachsen, Harvard-Abschluss (History und Science), mit 28 einer der jüngsten Managing Directors aller Zeiten in der Deutschen Bank – und ein Signal für die Öffnung der Deutschen Bank in Richtung Asien. Anshu Jain rechnet damit, dass dort mächtige Konkurrenz entsteht, der gilt es zuvorzukommen, wenn die Märkte in Fernost verteilt werden: Colin Fan, ebenso ehrgeizig wie karrierebewusst, ist ein Mann dafür.

Der Kredithändler ist gerade 39 Jahre alt geworden, als er 2012 ins General Executive Committee berufen wird – als Jüngster überhaupt, aber nicht ganz überraschend: Seit Jahren taucht er auf den einschlägigen Ranglisten der »Stars von morgen« auf, er wird als ein »Top-Leutnant von Anshu Jain« gehandelt.

Fans erste Stationen waren Merrill Lynch und UBS, für die Deutsche Bank arbeitete er zunächst in New York und Hongkong, ehe ihn Jain im Jahr 2008 nach London holt: Dort übernimmt er gemeinsam mit dem anderen Jungstar Boaz Weinstein die Leitung des Handels mit Kreditprodukten. Das zuvor höchst profitable Geschäft wird da gerade durch die amerikanische Immobilienkrise erschüttert: Weinstein muss schließlich gehen, als die Schäden der hochkomplexen Wetten zutage treten: 1,8 Milliarden Dollar Verlust angeblich allein im Herbst 2008.

Fan behauptet sich in der Bank. Gemeinsam mit dem Australier Robert Rankin leitet er nun das Investmentbanking – als kleine Doppelspitze, eine Etage unter der großen Doppelspitze. Die Duo-Lösung hat in London Tradition: Jain selbst hatte als oberster Investmentbanker bis 2010 mit Michael Cohrs einen Co-Chef neben sich, was mal mehr, meist aber weniger Freude auslöste. Mal sehen, wie lange das neue Doppel in London hält.

Der Deutsche in diesem inneren Zirkel ist ein gebürtiger Ostfriese: Chefvolkswirt David Folkerts-Landau, Mitglied im Group Executive Committee, wurde von Anshu Jain vor 15 Jahren persönlich angeworben und ist seit geraumer Zeit Mitglied des Londoner Küchenkabinetts.

Der Ökonom wird 1949 im Dorf Upleward geboren. Mit 14 schicken ihn die Eltern auf ein schottisches Internat, weswegen ihm die englische Sprache heute leichter von der Zunge geht als die deutsche. Folkerts-Landau studiert an amerikanischen Elitehochschulen. Mathematik und Ökonomie schließt er in Harvard ab. Er promoviert in Princeton (1978). Es folgen drei Jahre Lehre an der Graduate Business School in Chicago. Von 1983 bis 1997 arbeitet und forscht er für den Internationalen Währungsfonds (IWF), zunächst in der volkswirtschaftlichen Abteilung, dann leitet er die Abteilung für Kapitalmarktüberwachung mit 30 Leuten.

Als Anshu Jain ihn damals anspricht, ob er nicht zu ihm nach London kommen möchte, hat er noch ein Angebot von Lehman auf dem Tisch – nach drei Monaten Bedenkzeit sagt Folkerts-Landau schließlich der Deutschen Bank zu, leitet dort den gesamten Research-Bereich (mit 800 Köpfen), der mit Analysen den Produktvertrieb unterstützt. Von der Doppelspitze erhält er obendrauf den Hut für die konzerneigene Denkfabrik DB Research (noch mal 90 Leute), und damit verbunden den Titel als »Chef-Volkswirt«: Der ist eine wichtige Nummer in der Deutschen Bank. Und er verschafft Reputation für Funk und Fernsehen.

Vorgänger Thomas Mayer, ein ebenso eigenständiger wie brillanter Kopf, der seine eigene Marke war, mochte sich den neuen Herren nicht in den Weg stellen und wird mit einem Beraterposten abgefunden.

Vor-Vorgänger Norbert Walter war erbost über diese Entwicklung. Der neue Zuschnitt der Stelle nach den Bedürfnissen der Investmentbanker sei falsch und bedauerlich. »Eine sehr marktnahe Forschung ist typisch für angelsächsische Investmentbanken: Dort gibt es seit 20 Jahren keine unabhängige Forschung mehr, nur noch Vertriebsunterstützung.« Auf längere Sicht schade dies dem Geschäft: »Die Deutsche Bank muss eine Stimme in der gesellschaftlichen Debatte haben, will sie politisch Einfluss nehmen.« Dazu gehöre Forschung zu Themen abseits des Finanzmarkts; Umweltschutz, Demografie, Social Media zählte er als Beispiele auf. »Wenn man sehr vertriebsnah forscht, dann fürchte ich, dass dies nur zu Themen geschieht, zu denen es bereits Geschäftsideen gibt.«

Verkäufer ersetzt Denker: So lauten dann auch die ersten Kommentare zur Chef-Volkswirts-Personalie. Die Bank ist entsetzt, Folkerts-Landau erst recht. Auf seine geistige Unabhängigkeit lässt der Friese nichts kommen – beweisen muss er sie noch: Als die Ernennung publik wird, findet sich über ihn in den Archiven nicht viel mehr, als dass er für die neue Kirchturmglocke an seinem Heimatort gespendet hat.

Frisch im Vorstand ist Stephan Leithner, ein Österreicher, Mitte 40, ehemals McKinsey-Partner, der von dort im Jahr 2000 zur Deutschen Bank gekommen ist. Die Tourismusbetriebe der

Familie in Pertisau am Westufer des Achensees führt heute sein Bruder Christoph: Skischule, Sportgeschäft (direkt an der Kirche gelegen), Vier-Sterne-Hotel plus Appartments. *adoptierte Brüder*

Stephan Leithner, verheiratet mit der Tochter des legendären Ex-Siemens-Vorstands Hermann Franz, kümmert sich als Investmentbanker um die größeren Beträge: Fusionen, Übernahmen, Milliardenfinanzierungen. Er hat schon lange einen kurzen Draht zu den Großkopferten im DAX und führt Anshu Jain in diese Kreise ein, wo das nötig erscheint. *ann -Christin Achleitner*

Anfang 2012 ist Leithner an dessen Stützpunkt nach London gezogen. Kaum ist die Wohnung dort aufgewärmt, kommt der Ruf zurück nach Frankfurt – in den Vorstand, mit einem erstmals zusammengezimmerten Riesenressort: Recht (immens wichtig aufgrund der vielen Klagen), Europa (ohne Deutschland) sowie Personal: Leithner zieht für die Bank in den Wettbewerb um die besten Köpfe, den viel beschworenen »war for talents«. Nur: welchem Lager ist er zuzurechnen, dem traditionellen Geschäft oder den Investmentbankern? Diese Frage ist für die interne Gemengelage entscheidend: Zählst du zu Jains oder zu Fitschens Camp? Leithner zähle zu keinem, spottet einer, dem der Mann zu glatt ist: »Leithner ist immer da, wo die Macht ist: ein typischer Berater halt« – die übliche Form der üblen Nachrede im Topmanagement?

Tatschlich ist Leithner vom Typ her mehr Berater als Banker. Verbürgt ist ferner: Sein Haus steht auf demselben Taunushügel wie die Villa von Vorstandskollege Rainer Neske, nur zwei Straßen tiefer (aber ebenfalls mit Skylineblick).

Dort stellte er sich am Wochenende auf den Fußballplatz, wenn der Sohn kickte. Vätertypische Ausraster sind nicht überliefert. Leithner ist kein Testosteron-Hengst, sondern ein zurückhaltender, fast stiller Manager, dessen Ösi-Schmäh die Kanten schleift. »Ein absolut integrer Mann, der hält sein Wort«, sagt eine Kollegin. »Kein aufgeblasener Wichtigbanker«, ergänzt ein Geschäftsfreund, »von der seltenen Art Investmentbanker, die sogar ohne Porsche Cayenne überleben kann.«

Sein Übertritt vom knackigen M&A-Geschäft ins Personalressort bedeutet freilich nicht, dass er jetzt ins weiche Fach wechselt: Leithner tritt dort nicht als Gute-Laune-Onkel an, auch den Mitgliedsantrag bei der Gewerkschaft Verdi wird er so schnell nicht unterschreiben – das vertrüge sich nicht mit seinen Ambitionen: Die Personalführung ist zentrales Element in der von Jain angezettelten Kulturrevolution. Offenbar ist das Leithners Auftrag, seit die Sitten im Investmentbanking hinterfragt werden: mehr Profit durch weniger Drill.

Bisher rühmte sich die Bank ihrer »Leistungskultur«. In der Praxis hieß das oft: Zahlen über alles, der Rest ist ziemlich egal; aggressiv im Geschäft nach außen, nicht minder aggressiv nach innen, also nach unten: »Im hierarchischen Denken war die Bank immer stark«, spöttelt ein Berater. Wie Führungskräfte untereinander oder mit Untergebenen umgehen – kein Thema, selbst Schaufensterreden waren dafür zu schade.

Nun passiert es, dass Leithner in Meetings dazwischenfährt, selbst Vorstandskollegen in den Senkel stellt, wenn der Ton zu herrisch wird: »Das ist nicht Stil des Hauses.« Ein »komplett anderer, freundlicher Zungenschlag« sei mit ihm eingezogen, freut sich ein Betriebsrat, plötzlich würden sogar interne Missstände offen angesprochen, »bislang undenkbar«, sagt der Arbeitnehmervertreter: »Alles hätten wir von einem Investmentbanker erwartet, nur nicht das. Eine klare Verbesserung gegenüber Lamberti.«

Die drei Deutschen im Vorstand sind jene, die schon da waren, bevor Anshu Jain dort als Chef auftauchte: Sein Co-Chef Jürgen Fitschen, dann Stefan Krause, der Finanzvorstand, sowie Rainer Neske, der Mann für die Privatkunden.

Krause, ein in Kolumbien aufgewachsener Bayer, war 2008 von BMW zur Deutschen Bank gewechselt, nachdem er in München im Wettbewerb um die Nachfolge für den Vorstandschef Helmut Panke unterlegen war. Obwohl er sich zeitweise vorne sah, hat sich die Familie Quandt als BMW-Großaktionär am Ende für Norbert Reithofer als Vorstandsvorsitzenden entschieden, einen handfesten Techniker. Der Betriebswirt Krause, Jahrgang 1962, wechselt – für einen ehemaligen Finanzvorstand nicht unplausibel – ins Bankenfach. In der Deutschen Bank verantwortet er die Bereiche Finanzen und Steuern: eine Position, die in Industriekonzernen mit mehr Macht verbunden ist als in einer Bank, zumal Krause die Strategieabteilung im Haus an den neuen Kollegen Ritchotte abgetreten hat. Nach außen, zu den Investoren und Analysten, hat er einen Draht (falls Jain sich künftig nicht stärker einmischt), nach innen ist seine Durchschlagskraft eher begrenzt.

Auf Rainer Neske, offizieller Titel »Head of Private & Business Clients«, ruhen die Hoffnungen der klassischen Banker im Konzern. Er kümmert sich um das »Retail Banking«, das ganz und gar traditionelle Geschäft mit Schalter, Überweisungsaufträgen und all diesen Dingen – ein Bereich, der von den Investmentbankern lange als lahm und unprofitabel verlacht wurde. Der Privatkunden-Vorstand, ein studierter Informatiker, hat jedoch bewiesen, dass in Filialen Geld zu verdienen ist.

Seit 1990 ist er in der Bank, seit 2009 im Vorstand, trotzdem wird er bisweilen unterschätzt. Es bebt nicht die Erde, wenn Neske einen Raum betritt. »Aber er macht einen superguten Job«, sagt ein Aufsichtsrat, »lässt sich nicht die Butter vom Brot nehmen, auch wenn es nicht einfach ist, die Interessen des Privatkundengeschäfts zu wahren.«

Fraglich ist nur, wie viel Konflikt er sich zumuten mag. Neskes beiden Trümpfe sind die Zahlen (28,5 Millionen Kunden, 240 Milliarden Euro Einlagen) sowie die Tatsache, dass sein Vertrag zeitgleich mit Jains Ernennung verlängert wurde – als ein Signal nach außen: Da ist noch einer, als Gegengewicht zu den Angelsachsen, ein Typ, so geerdet, wie es für einen Bankvorstand nur geht. Die drei Kinder besuchen öffentliche Schulen, die Familie ist sozial engagiert, seine Brötchen holt sich Neske sonntagsmorgens gerne selbst beim Bäcker, auf dem Katholischen Kirchentag stellt er sich der Debatte: »Wider die organisierte Verantwortungslosigkeit: Für eine neue Ordnung der Finanzmärkte«.

Bliebe als Letzter noch der Überraschungskandidat im Vorstand, ebenfalls mit Vergangenheit im Investmentbanking: Der Brite Stuart Lewis, Chief Risk Officer, Bändiger der Risiken und damit Nachfolger seines bisherigen direkten Vorgesetzten Hugo Bänziger. 1996 hat er (nach Stationen bei Credit Suisse und Continental Illinois National Bank) in der Deutschen Bank eine Karriere begonnen, die nach Bänzigers Rauswurf Kapriolen machte: Üblicherweise verschwinden in solchen Fällen auch die engsten Vertrauten. Lewis aber rückte auf; das war der Tatsache geschuldet, dass die Finanzaufsicht Anshu Jains Wunschkandidaten Broeksmit (»Dr. No«) ablehnte. Damit ist Kontinuität gewahrt, zum engsten Machtzirkel um Jain zählt Lewis freilich nicht.

Die Doppelspitze oder
Wer ist der Bestimmer?

Die Legende vom gleichberechtigten Doppelpack

Doppelspitze ist Murks – für diese Weisheit aus Kindermund lassen sich viele Belege finden: Es gibt nur einen Papst, einen Kanzler, einen Bundestrainer. »Der Starke ist am mächtigsten allein« – dieses Wilhelm-Tell-Zitat kommt von Josef Ackermann. Wie immer, wenn es um seine Nachfolger geht, darf ihm nicht die friedlichste Absicht unterstellt werden.

Doppelspitze ist toll – das behaupten die beiden Co-Chefs der Deutschen Bank. So toll, dass Anshu Jain alleine hätte gar nicht Chef werden wollen. Das sagt er zumindest: »Selbst wenn man es mir angeboten hätte, hätte ich die jetzige Lösung präferiert.« (Nachzulesen in einem Interview mit dem *ManagerMagazin*.)

Vom ersten Tag an wird diese eine Frage, die dummerweise alle interessiert, zum Tabu erklärt: Wer ist die wahre Nummer eins im Konzern? Keiner meldet offen Ansprüche an, das wäre auch töricht. Die gemeinsame Formel lautet: Wir haben unser Aktiengesetz gelesen. Soll heißen: Jeder fügt sich in seine Rolle.

Die Geschäfte führt der Vorstand gemeinsam, dessen beiden Co-Vorsitzenden halten Kontakt zum Aufsichtsratschef Paul Achleitner, der wiederum kontrolliert das Ganze. Im Übrigen lieben sich alle. Irgendwie. »Paul« schätze er seit zehn Jahren, sagt

Anshu Jain. Mit seinem »Freund Jürgen« gebe es sehr viele, sehr gute Diskussionen. Mit ihm spreche er gar mehr als mit seiner Frau: »Wir telefonieren fünf Mal am Tag.« Von den vielen Mails ganz zu schweigen. Überhaupt sei eine Doppelspitze das reine Glück, so wollen Jain und Fitschen uns weismachen.

So dick die beiden auftragen, sie haben ein Problem: Die wenigsten nehmen ihnen die Leidenschaft fürs Doppelspiel ganz ab und erst recht nicht die Legende vom zu 100 Prozent gleichberechtigten Doppel: gleich wichtig, gleich mächtig, womöglich gleich erfolgreich? Wie soll das gehen?

Machen wir den Google-Test, zum Start im Juni 2012: Für den Namen »Anshu Jain« spuckt die Suchmaschine 1,86 Millionen Treffer aus, »Jürgen Fitschen« hat 484 000 Treffer. Endstand: Vier zu eins für den Inder, grob gerechnet, der gefühlte Star heißt Anshu Jain.

Seriöser ist der Blick aufs Organigramm: Wer bringt im Vorstand mehr Leute, mehr Power hinter sich? Das ist es, was zählt im Konzern: die Zahl der Untergebenen und der Ergebnisbeitrag.

Anshu Jain steht für das Investmentbanking, das Global Transaction Banking (ein stabiler Profitbringer) und für die Vermögensverwaltung (Asset & Wealth Management). Das bedeutet: Mehrere Zehntausend Leute, mehrere Milliarden Profit (zumindest in halbwegs normalen Jahren).

Das Privatkundengeschäft, den anderen starken Bereich, betreut Rainer Neske, also: ebenfalls mehrere Zehntausend Untergebene, ebenfalls Milliardengewinne, etwas niedriger als der Profit der Investmentbanker, dafür zuverlässiger.

Für Jürgen Fitschen bleibt die Resterampe, die wenig gelittenen Beteiligungen, zusammengefasst zu dem Bereich »Corporate Investments«: Beschäftigte? Gut 1000 Männer und Frauen, exakt 1,4 Prozent der Gesamtbelegschaft von 100 000 Mitarbeitern. Gewinne in diesem Sprengel? Eher selten. Verlust 2011: 1,1 Milliarden Euro, im Jahr davor minus 2,8 Milliarden Euro (jeweils vor Steuern).

»Unsere Partnerschaft funktioniert, weil wir wirklich Partner sind«,
beteuern Anshu Jain und Jürgen Fitschen

Da bringen andere, einfache Vorstände Imponierenderes auf die
Waage, von Anshu Jain ganz zu schweigen. »Ich trage primär
die Verantwortung für die Produkte«, sagt der Investmentbanker, »Jürgen primär für die regionale Aufstellung. Beides ergänzt
sich hervorragend.« Aber das hat sich selbst innerhalb der Bank
nicht richtig herumgesprochen. Das Gerede von der Balance sei
ein Witz, sagt einer aus dem mittleren Management: »Schauen Sie
sich Werdegang wie Machtbasis an: Jain ist der Bestimmer.«

Das genau ist jedoch der Eindruck, den es aus Sicht des Kon-
zernoberen zu vermeiden gilt: Gentleman-Banker Fitschen darf
nicht als Feigenblatt der Investmentbanker dastehen. Um die Il-
lusion vom gleichberechtigten Doppel aufrechtzuerhalten, voll-
führen die Co-Vorstandsvorsitzenden die tollsten Kopfstände: Die
ersten Interviews gibt es nur im Doppelpack, die neue Strategie
im Doppelpack (auch wenn Fitschen die Telefonkonferenz nur mit
ein paar Sätzen an- und abmoderieren darf), und das Chefbüro
bleibt nach dem Auszug Ackermanns erst mal leer: diese verflixte
Symbolik!

(Anmerkung am Rande: Auch ein Buch über das Doppel an der Spitze hätte im Konzern mehr Gnade gefunden als eines nur mit Anshu Jain auf dem Titel.)

Schon bei der Berufung hat die *Financial Times* Anshu Jain zum Durchmarsch gratuliert: »Der Aufsichtsrat signalisiert, dass der jüngere Mann beizeiten die alleinige Verantwortung übernehmen wird.« Dies, so frohlockt das Blatt, sei die logische Konsequenz aus der Reise, welche die Deutsche Bank hinter sich hat: von den deutschen Wurzeln hin zu einer globalen Organisation, gezogen von den Investmentbankern, mit Englisch als der Sprache auf der Chefetage.

Jain und Fitschen sind gewarnt, sie wissen, welches Echo auch nur der zarteste nach außen erkennbare Riss auslösen würde. Dagegen reden sie an. Die Leute würden vielleicht versuchen, sie auseinanderzubringen, sagt Anshu Jain: »Werden sie damit Erfolg haben? Nein.« Und Jürgen Fitschen ergänzt, die Partnerschaft werde funktionieren, »weil wir wirklich Partner sind. Anshu und ich begreifen, dass wir eine Rolle haben, die über uns hinausgeht.«

Zur Not witzeln die beiden Co-Chefs gegen den allgemeinen Eindruck an: Sie würden ihre Rivalität in einem sportlichen Fünfkampf austragen, scherzt Jürgen Fitschen. In vier Disziplinen sind die Kraftverhältnisse klar: Golf und Cricket gehen an Anshu Jain. Fußball und Handball an ihn. Also muss das Tischtennis die Entscheidung bringen, das ist Fitschens Paradesport, da spielte er hochklassig: »Das habe ich Anshu vorher nicht verraten, wahrscheinlich ist er jetzt am Trainieren.«

Nun ist Banking kein Pingpong, trotzdem ist die Doppelspitze nicht von vornherein zum Scheitern verurteilt. Jain und Fitschen können sehr wohl harmonieren, wenn auch nicht in dem offiziell verlautbarten Sinne, dass sich da zwei völlig gleichberechtigte Partner gegenübersitzen, ausgestattet mit identischer Machtfülle.

Rein formal mag das so sein, in den Papieren zur Geschäftsordnung, aber in echt? Es schadet ja auch nichts, wenn in der täglichen Praxis ein Teil der Doppelspitze spitzer ist als der andere – so lange beide Teile damit einverstanden sind, sich an die entsprechenden Absprachen halten und ihren Part ausfüllen.

Der Gerechtigkeit halber ist anzufügen, dass Doppelspitzen auch andernorts Verkrampfungen provozieren. Selbst die beiden SAP-Chefs, die sich als Vorbild für diese Art Regierung gerieren, sollen nicht jeden Tag in Harmonie schwelgen. Das ist zumindest zwischen New York und Walldorf (den beiden Amtssitzen) zu hören. Und immerhin hat die Deutsche Bank geübt. »Mit Doppelspitzen hat das Institut gute Erfahrungen gemacht«, sagt Clemens Börsig, der die Lösung als ehemaliger Aufsichtsratsvorsitzender zu verantworten hat. Wie aber haben sich die Doppelspitzen in den Doppeltürmen wirklich geschlagen?

Das erste Duo, bestehend aus Karl Klasen und Franz Heinrich Ulrich, Nachfolger für Hermann Josef Abs im Jahr 1967, währte keine drei Jahre: Dann wechselte Klasen an die Spitze der Bundesbank – und wird zitiert mit den Worten: »Wer ein solches Amt ablehnt, verdient nicht, was ihm das Leben bisher gegeben hat.«

Doppelspitze, die zweite: Friedrich Wilhelm Christians und Wilfried Guth: »Zwei Gentlemen«, sagt Hilmar Kopper, Ex-Chef und Urgestein der Bank: »Die haben sich hervorragend ergänzt. Doppelspitze bedeutet: Man muss absolutes Vertrauen haben.«

Doppelspitze, die dritte: Friedrich Wilhelm Christians und Alfred Herrhausen, der von Ersterem geholt wurde. »Das ging überhaupt nicht«, erinnert sich Kopper.

Seine Prognose für Doppelspitze Nummer vier, das Gespann Jain (Jahrgang 1963) und Fitschen (Jahrgang 1948): »Die können sehr gut miteinander.« Ihr größter Vorteil: »Sie wissen, dass es endlich ist. Nichts hilft so sehr über Schwierigkeiten wie dieses Wissen.« Im Jahr 2015 wird Fitschen 67 Jahre alt, dann läuft sein Vertrag aus. Was danach kommt, steht für Kopper außer Frage: ein alleiniger Chef namens Anshu Jain. »Einer geht in Rente, der andere bleibt. Punkt. Aus.«

Wo ist Fitschen?

Es mag ungerecht sein, ist aber nicht zu ändern: Jeder Entscheidung, jedem Auftritt von Anshu Jain folgt die Frage: Und wo bleibt Fitschen? Was treibt der andere Teil der Doppelspitze? Wo zeigt sich dessen Handschrift? Setzt Fitschen wirklich nur den Haken unter das, was Jain ihm vorsetzt, wie einer aus der Bank behauptet?

Jürgen Fitschen, der Gentleman-Banker, ist nie durch Machtgehabe aufgefallen, was ihm seine Gegner als Schwäche auslegen. Hinzu kommt, dass er schon einmal, bei einem Revirement unter Ackermann, vorübergehend aus dem Vorstand ausgeschieden war, zurückgesetzt ins zweite Glied. Vor dem Aufstieg zum Co-Chef hat er selbst schon mit dem Ruhestand kokettiert; schwer zu glauben, dass ausgerechnet er jetzt den Investmentbankern einheizt.

Ganz sicher verströmt Jürgen Fitschen weder den Glamour eines Josef Ackermann noch die Exotik eines Anshu Jain. Das ist ihm schwerlich vorzuwerfen. So wenig wie sein Alter: Der Banker ist zwar sportlich, aber 2013 wird er 65 Jahre alt, zwei Jahre später endet sein Vertrag, dann ist wirklich Schluss.

Zu seinem späten Karrieresprung kam er nicht als der Held, nach dessen Genialität sich alle verzehren, sondern als Gegengewicht zu Anshu Jain. Fitschen ist das Zugeständnis an all diejenigen, welche die Bank nicht einem Inder, noch dazu einem Investmentbanker, anvertrauen wollten. Zumindest nicht allein. Wenn die Bank schon zur Hälfte Ausländern gehört, sie das meiste Geld im Ausland verdient, dann sollte wenigstens der halbe Chef akzentfrei Deutsch sprechen.

Angesichts dieser Erwartungen ist Fitschen zweifellos eine exzellente Wahl: Er gibt der Deutschen Bank in der Heimat ein sympathisches Gesicht, seine größten Fans hat er bei den Familienunternehmern (»Fitschen kennt unsere Bedürfnisse«), sein Aufstieg zu einer Art »Mister Finanzplatz« ist vorgezeichnet. Die

Rolle hat lange Lutz Raettig, CDU-Stadtpolitiker und Morgan-Stanley-Banker, für sich beansprucht.

Jürgen Fitschen jedenfalls mischt sich ein, legt sich – kaum im Amt – mit der Politik an, die den Standort vernachlässige, die Banken abstrafe, ohne sich der Konsequenzen bewusst zu sein: »Der letzte Fürsprecher für den Finanzplatz war Roland Koch.« Und der ist nun schon eine ganze Weile auf dem Bau, als Boss bei Bilfinger Berger. Von Berlin, von der Bundesregierung mahnt Fitschen mehr Rückendeckung an, ebenso von der hessischen Landesregierung in Wiesbaden. Das ist sein Metier.

»Mister Deutschland« war der Titel, unter dem er durch die Republik tingelte, während Ackermann, der Weltstar, mit seiner »Joe-Show« durch die Metropolen zog. Ohne Murren fügte sich Fitschen in diese Rolle. »Er weiß, was von ihm erwartet wird«, sagen ehemalige Kollegen, die ihn als einen Pflichtmenschen schildern. Sachlich, solide, seriös. »Er ist der Typ guter Nachbar«, sagt ein ehemaliger Daimler-Vorstand.

Wer Fitschen übelwill, schilt ihn deswegen als blass, wer ihn mag, und das tun in Wirtschaft und Politik erstaunlich viele, lobt ihn als sympathisch unprätentiös. »Unter den DAX-Vorständen habe ich schon ganz andere Gockel rumlaufen sehen«, sagt ein Minister der Bundesregierung.

Ganz alte Schule, verströmt Banker Fitschen Seniorität im Übermaß. Aber noch einmal: Reicht das? Wie will er das Vertrauen all jener gewinnen, die ihn als Verlegenheitslösung abheften?

Mit großer Ruhe und Souveränität redet Fitschen gegen seinen Ruf als Deutschland-Hansel an, hält sich neuerdings ein paar Takte länger auf mit der Weltkonjunktur. Und ist es nicht auch so, dass er die längste Zeit seines Berufslebens im Ausland verbracht hat? Elf Jahre allein war er in Asien, gemessen an den Einsatzorten hat er sogar mehr internationale Erfahrung vorzuweisen als Kollege Jain. Selbst diese kleinen Spitzen klingen bei Fitschen milde. Dieser Mann mag kein Getöse, weswegen ihn die toughen

Burschen in der Bank schon abgeschrieben hatten: »Er war nie ein starker Vorstand.« Jetzt ist er ihr Chef, zumindest der halbe.

An jenem Morgen, nachdem er im engsten Zirkel des Aufsichtsrates zum Co-Chef gekürt wurde, erschien Fitschen, so als wäre nichts geschehen, in einer Routinesitzung der Deutschen Sporthilfe, wo er ehrenamtlich im Vorstand sitzt. Gratuliert wurde nicht. »Jürgen war entspannt wie immer«, berichtet ein hochrangiger Sportskamerad. Unmittelbar danach ging's auf Afrikareise mit der Kanzlerin, auch von dort wurden keine champagnergetriebenen Auffälligkeiten berichtet. Fitschen ist nicht so, genauso wenig wie Angela Merkel.

Geboren wird er am 1. September 1948 auf einem Bauernhof im norddeutschen Hollenbeck, westlich von Hamburg, Buxtehude ist nicht weit. In dem Dorf sind in den 1950er Jahren mehr Pferdefuhrwerke als Autos unterwegs.

Fitschen liebt Pferde, spielt Fußball, noch besser Tischtennis, schafft es bis in die dritthöchste Liga. Als Erster im Ort wechselt er aufs Gymnasium, nach Stade. Es folgt die Lehre zum Groß- und Außenhandelskaufmann (in der Firma Hansen & Söhne), danach studiert er in Hamburg Wirtschaftswissenschaften, um von dort schnurstracks in die Finanzwelt zu marschieren, zunächst zu einer Tochter der amerikanischen Citibank.

Mitte der 1980er Jahre, mit Ende 30, heuert er dann bei der Deutschen Bank an. Tokio, Bangkok, Singapur, später London sind seine Stationen. Aus alter Verbundenheit ist er wenige Tage nach dem Unglück von Fukushima nach Japan geflogen, um seine Solidarität mit den Leuten dort auszudrücken. »Asien hat ihn geprägt, Asien ist ihm wichtig«, sagt ein Freund. Seine Frau Aruni, die vor Jahren tödlich verunglückt ist, stammte aus Thailand. »Die Thai-Prinzessin und der Bankier« hatte die Lokalpresse zur Hochzeit 1981 geschrieben. Die beiden Kinder sind längst aus dem Haus. Als er 2005 zurück in die Zentrale beordert wurde, zog der Banker von London nach Hofheim, ein Städtchen im Vordertaunus. Seine Mission? Den Ruf der Bank in der Heimat retten.

Die Deutsche Bank hatte sich den Zorn des Mittelstands zugezogen: zu teuer, zu großkotzig, meilenweit weg von den Wünschen der heimischen Unternehmer. Er werde das Image der Bank verbessern, versprach Vorstand Fitschen damals, »über das direkte Gespräch mit den Kunden«. Und er hat viel geredet.

»Wo ich auch hinkam, Fitschen war schon da«, erinnert sich der Chef einer ausländischen Konkurrenzbank. Immer öfter bekam er von Topmanagern in der Industrie zu hören: »Finanzierung? Das regle ich mit dem Fitschen.« Zielstrebig knüpfte der Deutschbanker sein Netz, zog in den Verwaltungsrat des Großlogistikers Kühne + Nagel ein, ebenso in die Aufsichtsräte von Metro und Schott.

Die Kontakte zu BASF, Bosch, Daimler und all den anderen pflegt er im trauten Gespräch oder auf gesellschaftlichem Parkett, ergänzt um Führungsposten in diversen Clubs: Ost-Ausschuss der deutschen Wirtschaft, Atlantik-Brücke, Ostasien-Gesellschaft und etliches mehr.

Fitschen absolviert so viele Treffen und Sitzungen, dass ihm Augenzeugen eine gewisse Könnerschaft im »Power Nap«, dem unauffälligen Intensivnickerchen, nachsagen. Wird er gebraucht, ist er hellwach, »immer ansprechbar«, lobt ein ehemaliger Vorstandschef aus der Industrie: »Keine Sprüche, kein Bullshit.« Und wenn auf internationalen Konferenzen der Vorrat an Small-Talk-Themen erschöpft ist, die deutschen Manager allmählich an ihre sprachlichen Grenzen stoßen, so berichtet ein Verbandspräsident, kommt es schon mal vor, dass er den Banker stupst: »Fitschen, tu was, rede.« Aus dem Stand trägt der Angesprochene dann vor, in makellosem Englisch, notfalls zur Lage der Weltwirtschaft. Das geht immer.

Als »exzellenten Manager« lobt ihn ein Industriekapitän nach Jahren gemeinsamer Geschäfte, »kein Schönwetter-Banker, sondern allwettertauglich«. Das bedeutet nicht, dass Fitschen als der liebe Onkel mit dem vielen Geld durch die Gegend liefe. »Es gibt kein Grundrecht auf Kredit«, sagt er gerne. Als die Schaefflers in Herzogenaurach mit ihrem Angriff auf Continental in arge Not gerieten, teilte der Deutsche-Bank-Mann ihnen kühl mit, dass er das Ganze sowieso für keine gute Idee hielt: Witwe Schaeffler, obschon langjährige Kundin der Bank, erhielt keinen Kredit, der Familienkonzern geriet in Schieflage, musste gar um Staatshilfe anstehen. Jetzt hat sich das Geschäft erholt, der Kontakt zur Deutschen Bank auch.

Als in der Finanzkrise Automanager die Banker beschimpften – erst seien diese mit Steuergeldern gerettet worden und dann drehe man ihnen, der Realwirtschaft, den Geldhahn zu –, nervte das Fitschen: Die Vorwürfe seien »völlig verfehlt und unbegründet«, zürnte er: »Eine Kreditklemme gibt es nicht.« Das sieht er bis zum heutigen Tag so. Trotzdem stellt er die Klientel darauf ein, dass die Bank künftig weniger großzügig Kredite rausreichen werde (Stichwort »Basel 3«). Wenn ihm dann einer damit kommt, dass er einzig die Deutsche Bank mit der Finanzierung betraut und dieses Vertrauen folglich belohnt werden müsse, stutzt Fitschen erst recht: »Wie? Alle anderen geben Ihnen keinen Kredit? Mir ist immer lieber, wir sind nicht allein.«

Seinen Rückzugsort hat der Manager im Norden, am Ort seiner Kindheit: in Hollenbeck bei Harsefeld. Auf dem Grundstück der Eltern hat Fitschen sich ein Haus gebaut, in dem Garten dort hat er seinen 60. Geburtstag gefeiert. Im Ort schätzen sie ihren Banker über die Maßen: »Der Jürgen ist in Ordnung«, sagen diejenigen, die ihn aus Kindertagen kennen. Schlau und wissbegierig zeigt er sich schon als Knirps, in der Dorfschule überspringt er eine Klasse. Als bodenständig und beliebt preisen sie ihn bis zum heutigen Tag. Die Eltern Fitschen betrieben in dem Ort neben dem landwirtschaftlichen Hof ein Gasthaus, die »Linde«. Die Mutter, »Tante Ilse« genannt, erwarb sich einen Ruf für ihre wunderbaren Kohlrouladen und die üppigen Mahlzeiten nach der Treibjagd. Klein Jürgen sprang schon früh ein, »wenn in der Skatrunde mal einer fehlte«, erzählt einer der Bauern, der damals schon geahnt haben will: Aus dem Jungen wird einmal etwas Besseres. Den elterlichen Hof übernimmt sein Zwillingsbruder, Hans-Otto Fitschen, der immer Landwirt werden wollte und heute auf einem Reiterhof in der Lüneburger Heide lebt.

Der Banker-Bruder mistet nun die Schmuddelecke des Konzerns aus: Fitschen ist der Bereich »Corporate Investments« zugeordnet, der zuletzt mit Vorsteuerverlusten im Milliardenbereich aufgefallen ist und den Rest der Beteiligungen vereint. Über kurz oder lang sind diese alle abzustoßen. Die isländisch-schweizerische Pharmafirme Actavis wurde man bereits los, es warten noch die BHF Bank (ein Mitbringsel der Sal. Oppenheim-Übernahme), der amerikanische Hafenbetreiber »Maher Terminals« sowie als schillerndstes Investment eines der größten Casinos in Las Vergas, das »Cosmopolitan«: Ausgerechnet Gentleman-Banker Fitschen hat eine Zockerbude am Hals. Ausgerechnet der Banker, der die Seriosität im Haus verkörpert, auf den all jene aus der sogenannten Realwirtschaft zählen, denen die Investmentbanker nicht geheuer sind: »Wir sind froh um unseren Fitschen«, sagt der Vorstand eines deutschen Industriekonzerns. »Auch wenn Jain in der Bank mächtiger sein mag: Als bloßes Feigenblatt ist Fitschen sich zu schade, schließlich hat er einen Ruf zu verlieren.«

Zwei Dinge spielen Fischen in die Karten: Er muss nichts mehr werden, das macht unabhängig. Außerdem sind solide Typen wie er plötzlich gefragt in der Finanzwirtschaft. Langeweile ist Trumpf. So hat es der neue Aufsichtsratsvorsitzende Paul Achleitner der Bank verordnet: Langeweile ist sexy.

»Boring is the new sexy«: Paul Achleitners Programm

Paul Achleitner fliegt sehr hoch. Ein Star unter den Topmanagern im Land ist er schon lange. Nun will er der Deutschen Bank als

Aufsichtsratsvorsitzender auch noch Moral beibringen. Es gibt so einiges, was ihm an der Kultur in der Bank nicht passt. Dies zu ändern hat er sich als oberste Aufgabe vorgenommen: Wie geht man miteinander um? Wie funktionieren die Kontrollinstrumente? Wie steht's um Transparenz und Loyalität? Wie wirken die Anreize? Es gibt viel zu tun. Achleitner packt's an.

Da stört nicht mal seine eigene Vergangenheit als Investmentbanker, ausgerechnet bei Goldman Sachs, der verschriensten aller Investmentbanken. Zwischendurch hat er in zwölf Jahren als Vorstand bei der Allianz-Versicherung so viel Langeweile getankt, dass er nicht unter Hasardeur-Verdacht steht.

»Boring is the new sexy« hat Achleitner schon dort als Parole ausgegeben: Die Finanzwelt soll langweiliger werden. Englische Sprüche sind eine Spezialität des Österreichers. »There is no second chance to make a good impression«, »Even a coin has three sides«, »Loose lips can sink ships«, solche Sachen.

»Ruhe ist die erste Managerpflicht« könnte – in englischer Übersetzung, versteht sich – zu seinem Motto in der Deutschen Bank werden: Ruhe soll in den Laden einkehren. Weniger Gier, weniger Skandale, weniger Schlagzeilen, besseres Image. Achleitner will die Topbanker zur Besinnung bringen (»keine Ego-Show!«) oder er will sie zumindest so weit runterdimmen, dass sie etwaige Scharmützel nicht öffentlich austragen. Die diversen juristischen Streitigkeiten sind zu bereinigen. Außerdem steht die Versöhnung mit den Investoren an.

In dieser Mission besuchte Achleitner maßgebliche Fondsmanager in London, ehe er überhaupt förmlich ins Amt eingeführt wurde. Der Eindruck, den er dort hinterlassen hat, klingt für die Bank beruhigend. »Der Mann versteht uns, spricht unsere Sprache«, sagt erleichtert einer der Profi-Investoren. Von Achleitners eher tapsigem Vorgänger Clemens Börsig würde er das nicht behaupten: Von ihm hatten sich gerade jüngere Finanzleute oft missverstanden und geschurigelt gefühlt. »Der hat bis zum

Schluss nicht kapiert, was die Stunde geschlagen hat«, mosert ein Angelsachse. »Wir sind die Eigentümer der Bank, nicht das Management.«

Ein »exzellenter Schachzug« sei Achleitners Wahl, sagen selbst Leute, die sonst nicht wahnsinnig viel Gutes an der Deutschen Bank finden. Dem Österreicher haftet das Gütesiegel von »Corporate Germany« am Revers, er ist bestens verdrahtet in Industrie und Politik. Eine Auswahl seiner Mandate: Bayer, Daimler, Henkel, RWE. Dazu diejenigen seine Frau Ann-Kristin Achleitner: Linde, Metro, Bank Vontobel. Zu Recht nennt man die beiden das »Power-Couple im DAX«. So viel Macht ballt sich selten an einem Küchentisch. Ein großer Kommunikator ist Achleitner obendrein, überaus gewitzt, taktisch versiert, beschlagen im Investmentbanking: »Den muss Anshu Jain ernst nehmen«, sagen sie in der Bank.

Eigentlich sollte es überall so sein im Verhältnis zwischen CEO und Chefkontrolleur, ist es aber nicht. Bisweilen wird der Aufsichtsratsvorsitzende als zahnlos belächelt, wie einer der jüngeren DAX-Vorstände in Feierabendlaune erzählt: »Ich gehe regelmäßig auf eine Tasse Tee rüber zu dem Alten, dann ist wieder Ruhe für ein paar Wochen.«

So läuft es mit »PA«, wie Paul Achleitner in internen Memos genannt wird, sicher nicht. Der kleine Österreicher ist ein cooler Hund, spielt schon lange mit den ganz großen Jungs; eine Hand am Smartphone, die andere in der Hosentasche, dazu der leichte Ösi-Schmäh – sehr lässig. (Lässiger noch als Anshu Jain, und der hat laut Werbeprofis schon das Zeug zur Markenikone: smart, dynamisch, international.)

Achleitner verkörpert das Ideal eines aktiven, hauptberuflichen Aufsichtsrates, wie sie allmählich in die Altherrenrunden einbrechen. Seinen Vorstandsposten bei der Allianz hat er schon mit Mitte 50 aufgegeben, somit kann er eine Ära in der Deutschen Bank begründen – bis ihn die Statuten eines fernen Tages in Pension schicken.

Finanziell ist er durch, wie Manager zu sagen pflegen: Er hat ausgesorgt, die Vermögensplanung ist abgeschlossen, auch das macht frei: Achleitner, von 1988 bis 1999 in führender Position bei der Investmentbank Goldman Sachs, gehört zu den 221 Goldman-Partnern, die beim Börsengang 1999 zusammen 3,6 Milliarden Dollar eingenommen haben: Nicht schlecht für den Sohn eines mittleren Bankangestellten.

Sein Vater arbeitete für die Oberbank in Linz. Er starb mit 48, da war Paul Achleitner 21 Jahre alt und Student in St. Gallen. Mit Stipendien und Studentenkrediten schafft er es nach Harvard, von dort zur Beratungsfirma Bain in Boston (auf einen Flur mit Oriet Gadish, der späteren Weltchefin) und dann in die Finanzwelt. Seine Frau Ann-Kristin, die umtriebige Professorin, hat er noch in St. Gallen kennengelernt. Das Paar hat drei Söhne, von der Gattin heißt es, sie sei noch ehrgeiziger als er.

Nur der Plan, Allianz-Chef zu werden (sofern dies wirklich sein ernsthafter Plan war), ist nicht geglückt: Als ein Nachfolger für Henning Schulte-Noelle zu ermitteln war, hat ihn sein Vorstandskollege Michael Diekmann 2003 ausgestochen. Achleitner bleibt trotzdem. Die beiden haben – im Gegensatz zu den Alphatieren in der Deutschen Bank – ein vernünftiges Verhältnis zueinander hinbekommen.

Achleitners Weggang sei ein Verlust für die Allianz, schrieb Diekmann am Ende, »aber ein Gewinn für die deutsche Finanzwelt und den guten Ruf deutscher Unternehmen.« Und Achleitners Mitarbeiter, die er, auf eigene Rechnung, zur Abschiedsparty ins »Café Reitschule« am Englischen Garten eingeladen hat, schwören noch immer auf den inspirierenden Vorgesetzten: »Den bewundern alle.«

An emotionaler Intelligenz hat er Börsig jedenfalls einiges voraus, selbst unternehmerische Fehlschläge vermögen das Bild vom allseits beliebten Achleitner nicht zu trüben: Nicht einmal das Milliarden-Debakel der Allianz mit der Dresdner Bank blieb an ihm hängen. Er war jedenfalls heilfroh, als er den teuren Fehlkauf endlich bei der Commerzbank untergebracht hatte – bezahlt hat für den Deal am Ende der Steuerzahler.

Paul Achleitner sitzt nun auf einem Posten, von dem er immer geträumt hat: Oberkontrolleur der wichtigsten Bank im Land, das ist die passende Kragenweite für einen Mann wie ihn, der sich im Grunde jeden Topjob zutraut. Kaum setzt er als Aufsichtsratschef erste Akzente, spekulieren sie in Frankfurt schon: »Vielleicht wird daraus noch mehr.« So unkt zumindest einer von der Konkurrenz. Mehr heißt in dem Fall: Vielleicht wird Achleitner doch noch Vorstandsvorsitzender eines DAX-Konzerns, wenn nicht bei der Allianz, dann eben bei der Deutschen Bank. Es gibt Schlimmeres.

Achleitners Freunde widersprechen vehement: Kompletter Humbug seien diese Gerüchte: »Seine Lebensplanung sieht anders aus«. Die Fantasie, er sei gezielt angetreten, um sogleich den Sturz der Doppelspitze zu betreiben und sich an deren Stelle zu setzen, ist tatsächlich eine abwegige Vorstellung: So viel Destruktivität ist einem so hellen Kopf nicht zuzutrauen.

»Anshu ist der Richtige«, betont zu jeder Gelegenheit Achleitner selbst, von dem erzählt wird, dass er den Jains zur Feier der Silberhochzeit bei einem Aufenthalt im Hotel »Bayerischer Hof« in München einen Tenor vors Zimmer geschickt hat, – arrangiert von der Allianz, da Jain am Jubeltag dort einen Auftritt absolviert hat.

»Von sich aus strebt er garantiert nicht nach Jains Posten«, heißt es aus dem Aufsichtsrat. »völliger Unsinn.« Nie sei auch nur über diese Möglichkeit gesprochen worden. Was aber, wenn der Notfall eintritt, wenn der Vorstand von einem Skandal weggespült wird oder, aus welchen Gründen auch immer, ausfällt? Und sei es, weil ihm ein Ziegelstein auf den Kopf fällt? Dann wäre Paul Achleitner der natürliche Kandidat für den Vorstandsvorsitz, zumindest für eine Übergangszeit. So denken auch maßgebliche Leute in der Bank. Und da das so ist, muss er damit leben, dass jede Regung von ihm darauf abgeklopft wird: Nützt oder schadet er Jain? Stärkt er ihm den Rücken oder tut er nur so und setzt sich in Wahrheit von der unguten Vergangenheit in der Investmentbank ab?

Achleitner bewegt sich auf einem schmalen Grat, wenn er die »lückenlose Aufklärung« der Vorfälle in London vorantreibt. Denn, so viel ahnt er schon: Nicht alles, was die Bank jetzt in ein schiefes Licht rückt, lässt sich mit der Gier oder der kriminellen Energie einzelner erklären.

Die Manipulation des Libor-Zinssatzes, mit der die Anleger betrogen wurden, mögen einzelne halbseidene Händler verbrochen haben, wie es in der Bank heißt. Trotzdem bleibt die Erkenntnis: Die Ursachen für solche Vorfälle wurzeln tiefer. Da ist grundsätzlich etwas schiefgelaufen, findet Achleitner. Wie weit aber kann er in seinem moralischen Eifer gehen, ohne Anshu Jain auf die Füße zu treten? Auch wenn dem Co-Vorsitzenden persönlich keine Verfehlung nachzuweisen ist: Wie weit reicht Jains politische Verantwortung als ehemaliger Chef der Investmentbanker?

Immer prägt der Chef die Kultur in einem Laden. Und an ihr hat Achleitner einiges auszusetzen. Für seinen Geschmack denken die Investmentbanker eindeutig zu viel ans eigene Geld und zu wenig ans Wohl der Firma. »Das zu ändern, über alle Hierarchiestufen, das dauert Jahre«, stöhnt ein Aufsichtsrat, der daran beteiligt war, Achleitner nach Frankfurt zu holen.

Mit ihm, dem begnadeten Strippenzieher, kam einer in den Aufsichtsrat, den er aus Münchner Tagen kennt: Siemens-Chef Peter Löscher, ein Österreicher mit spanischer Frau und amerikanischer Vergangenheit. Als Löscher vor Jahren in Bayern aufschlug, wohnte er zunächst monatelang bei den Achleitners. In seinem neuen Job als Chef am Wittelsbacher Platz ist Löscher als Erstes mit der Bemerkung aufgefallen, Siemens sei »zu männlich, zu deutsch, zu weiß«: Wie deutsch aber ist die Deutsche Bank? Besonders weiblich ist sie nicht. Im Vorstand sitzt eine einzige

Frau. Da gelobt die Doppelspitze, nachzuarbeiten. Aber welche Bank hätten Sie denn gern?

Welche Bank darf's denn sein?
Die Strategie der neuen Herren

Anshu Jains Schwur:
»Die Deutsche Bank ist eine Universalbank«

Am Tag eins nach dem Machtwechsel, Anshu Jains erstem Arbeitstag als Co-Vorstandsvorsitzender der Deutschen Bank, bestellt er, zusammen mit Jürgen Fitschen und Paul Achleitner, die Führungsleute zur Regierungserklärung ins Foyer der Frankfurter Doppeltürme: Town Hall Meeting nennt sich das Format, das auch live im Intranet zu sehen ist. Zugeschaltet sind Banker in London, New York und Singapur (wo sie um die Uhrzeit für gewöhnlich im Schlafanzug sitzen).

Die entscheidende Botschaft kann Jain im Schlaf aufsagen: »Wir bekennen uns zu unserem Universalbankmodell.« Das Wörtchen »dauerhaft« fügt er für gewöhnlich noch an, um nur ja keine Zweifel aufkommen lassen: Die Deutsche Bank steht auf zwei Beinen, und die wurzeln in Deutschland: Investmentbanking und Privatkundengeschäft. Der Gewinn soll sich langfristig 50 zu 50 aufteilen, halb Investmentbanking, halb stabilere Geschäftsfelder. Die Deutsche Bank wird nicht zerschlagen, heißt das. Die anderen Vorstände wiederholen den Schwur in internen Meetings fast täglich, gerne auch ungefragt.

Noch immer fürchten manche Banker aus dem traditionellen Geschäft, die Investmentbanker würden sie gerne am Wegrand zurücklassen. Jede organisatorische Änderung, jede neue Linie im Organigramm prüfen sie daraufhin ab: Erleichtert es die Zerschlagung oder verzahnt es das Retailgeschäft mit der Investmentbank?

Die Ängste sind so alt wie die Debatte um den Konzernsitz (Frankfurt oder London). Das eine oder andere Strategiepapier wurde in der Vergangenheit dazu geschrieben: Wie wäre es, die Teile zu trennen? Sind sie einzeln mehr wert als das Ganze? Entsprechende Thesen von Analysten und Aktionären kursierten.

Heute stellt sich die Welt anders dar: Der Sitz in Deutschland hat für die Bank handfeste ökonomische Vorteile. Dank dem Bonus, den das Land an den Märkten genießt, refinanziert sie sich leichter, das heißt: günstiger. Eine Aufspaltung hat aus Sicht von Anshu Jain darüber hinaus jeden Charme verloren. Langeweile ist plötzlich Trumpf, wenn man den Worten von Paul Achleitner Glauben schenkt. Früher, also vor Lehman, haben Investmentbanker über die faden Privatkunden gelästert, nun schwören sie auf deren Spargroschen. Es wäre geradezu hirnrissig, darauf zu verzichten – in diesen unsteten Zeiten, mit immer höheren Vorgaben an die Solidität von Banken. Sonst würde Goldman Sachs wohl kaum das Geschäft mit Privatleuten ausbauen, wenngleich in diesem speziellen Fall nur sehr vermögende Privatleute von Interesse sind.

»Der Wert langfristiger, stabiler Privatkonten ist höher als jemals zuvor«, hat Anshu Jain erkannt. Länger schon arbeitet er daran, die künstliche Trennung zwischen reiner Investmentbank und blütenweißem Privatkundengeschäft zu überwinden. Nur so sei es heute möglich, als großes globales Haus mitzuspielen.

Die neue ökonomische Realität hat die Frontlinien komplett verschoben: Freunde und Gegner einer Aufspaltung haben die Plätze getauscht. Gestern noch erschien den Investmentbankern eine Trennung verlockend, heute tut Anshu Jain alles dafür, sie zu verhindern: Viel Energie verwendet er darauf, das Konzept »Universalbank« zu verteidigen und dafür Verbündete in der deutschen Politik und Wirtschaft zu sammeln. Wer hingegen gestern noch vor einer Aufspaltung warnte, forderte heute gerade diese. Da ist einiges durcheinandergeraten. Aber dazu gleich mehr.

»Zerschlagt die Deutsche Bank«: Die Debatte um Trennbanken gewinnt an Fahrt

Viele Feinde hat eine Großbank: böse Konkurrenten, dazu Blut leckende Staatsanwälte und Finanzaufseher. Alle wollen sie der Deutschen Bank ans Fell. Aber es fällt ein seltsamer Name, wenn die Banker dort nach wirklich bedrohlichen Gegnern gefragt werden. »Gerhard Schick«, sagen dann etliche als Erstes.

Gerhard wer? Schick, Gerhard, Finanzpolitiker der Grünen: Ein schmaler Kerl, Haare leicht ergraut. »Jahrgang 1972, katholisch, verpartnert«, vermerkt das Handbuch des Bundestages über den Abgeordneten aus dem Wahlkreis »275 Mannheim«, gewählt über die grüne Landesliste Baden-Württemberg; Vorstandsmitglied der »Gesellschaft zum Studium strukturpolitischer Fragen e. V.« sowie in der »Psychologischen Lesben- und Schwulenberatung Rhein-Neckar e. V.«.

Der Finanzpolitiker, ein promovierter Volkswirt und leidenschaftlicher Kirchenmusiker, hat aus der Nähe der einschlägigen Ausschüsse verfolgt, was es kostet, wenn der Staat Banken raushaut. Öffentlich-rechtliche Sparkassen findet er seither gut, Landesbanken tendenziell überflüssig, die Hypo Real Estate eine Katastrophe – und die Deutsche Bank zu groß. Und vor allem viel zu gefährlich. »Eine Bilanz mit zwei Billionen Euro ist nicht seriös zu managen«, sagt Schick. »Das Risiko für den Steuerzahler ist zu groß, eine so große und so stark schuldenfinanzierte Bank zu haben.«

Die Mission des Grünen ist klar: Er will die Deutsche Bank zurechtstutzen, aufspalten in Investmentbank und den Rest, notfalls mit gesetzgeberischer Gewalt. Viele Spinner reden so. Wenn's gegen die Deutsche geht, hauen alle gerne drauf. Das müsste einen Anshu Jain nicht weiter sorgen.

Nun ist Schick kein Spinner, auch keiner, der wie die 68er-Senioren seiner Partei die Schlachten von gestern schlägt: Nein, Gerhard Schick beruft sich auf die Vordenker der Marktwirtschaft. Deren Prinzipien will er durchsetzen.

Das macht ihn für die Banker gefährlich: Die Spielregeln der Marktwirtschaft gelten für sie nur noch sehr bedingt. Die Geldhäuser machen es sich bequem, gepampert von Notenbanken und Steuerzahler: Marode Anleihen nimmt ihnen die Europäische Zentralbank ab, hilft das auch nichts, fängt sie der Steuerzahler auf. So war das von den Vätern der sozialen Marktwirtschaft nicht gedacht. So soll es auch nicht sein, findet Schick, und da seine Partei nach der nächsten Wahl womöglich die Regierung stellt, macht ihn das für die Banken bedrohlich – vor allem, weil seine Idee von den Trennbanken an Zuspruch gewinnt.

In Brüssel tagen permanent Arbeitsgruppen. Die Briten denken über Ähnliches nach, »Vickers-Reform« heißt das Projekt dort, benannt nach dem ehemaligen Notenbanker John Vickers. Die Idee: Das Privatkundengeschäft soll vom Investmentbanking abgeschirmt werden. Die beiden Sparten dürfen zwar unter einem Konzerndach bleiben, müssen aber unabhängige Vorstände einsetzen und getrennte Risikoabteilungen und Kapitalabsicherungen vorweisen.

Im Bundestag arbeitet Schick seit Jahr und Tag in diese Richtung. Parteiintern verfügt er über einen gewissen Einfluss, Angst hat er keine. »Ihre Bank muss aufgespalten werden.« Das sagt er Vorständen der Deutschen Bank ins Gesicht. Und die Manager ahnen: Gewinnt Rot-Grün die nächste Wahl, setzt sich diese Linie womöglich durch. Es sei noch einmal daran erinnert: Der SPD-Vorsitzende Sigmar Gabriel hat die Bundestagswahl 2013 zur »Entscheidung über die Bändigung des Banken- und Finanzsektors« erklärt.

Einer »harten und kompromisslosen Regulierung« redet Gabriel das Wort: er verlangt ein Verbot des Hochfrequenzhandels, weniger Boni (dazu sollen die Vorstandsbezüge ab einer bestimmten Höhe nicht mehr von der Steuer abgesetzt werden) und – wie Schick – ein Trennbankensystem: »Der normale Bankbetrieb muss bilanziell oder rechtlich vom Investmentbanking getrennt werden.« An der Grenze will der SPD-Chef Stoppschilder aufstellen: »Hier endet die Staatshaftung.«

Zittern müssen die Banker vor Gabriel nicht. Sie unterstellen ihm mangelnden Ernst: Das legt sich wieder. Soll er ruhig Anti-Banken-Plakate kleben; wären die Sozialdemokraten erst mal an der Regierung, würden sie es nicht wagen, die Deutsche Bank anzutasten. Und der Grüne Gerhard Schick sagt: »Peer Steinbrück hat als Finanzminister Industriepolitik für die Großbanken betrieben. Wir aber meinen es ernst.«

Schicks Energie speist sich nicht aus klassenkämpferischen Ressentiments, er kommt mit den Säulenheiligen der Marktwirtschaft daher. Der Grüne hat sich einst im Walter Eucken Institut in Freiburg die ersten wissenschaftlichen Sporen verdient. Vom Begründer des Ordoliberalismus stammt sein stärkstes Argument: das Haftungsprinzip als konstituierendes Merkmal der Marktwirtschaft. Einfacher: »Wer den Nutzen hat, muss auch den Schaden tragen«, mit diesen Worten beginnt Eucken seine Ausführungen über das Prinzip der Haftung in der Marktwirtschaft.

Unternehmer müssen demnach für ihre Entscheidungen geradestehen. »Die Haftung wirkt also prophylaktisch gegen eine Verschleuderung von Kapital und zwingt dazu, die Märkte vorsichtig abzutasten. Nur bei fehlender Haftung kommt es zu Exzessen und Zügellosigkeit«, schrieb Eucken; gerade so, als hätte er die Finanzkrise vorhergesehen. »Gewinne werden privatisiert, Verluste sozialisiert« – dieser Slogan wurde seither zum Allgemeingut. Schick beruft sich auf eine »streng marktwirtschaftliche Position«, wenn er fordert: »Gewinne wie Risiken müssen beim Aktionär bleiben. Der Steuerzahler kann nicht für die Risiken der Investmentbanker einstehen.« Die Konsequenz, die daraus folgt, ist genau das, was die Banker fürchten: »Im Interesse der Steuerzahler ist es notwendig, die Deutsche Bank organisatorisch und aufsichtsrechtlich zu trennen.« Hier die Zockerbude, dort die Sparkasse.

Amerika praktizierte über Jahrzehnte ein Trennbankensystem, eingeführt als eine Lektion aus der Weltwirtschafskrise der 1930er Jahre. Das Gesetz dazu fand als »Glass-Steagall-Act« Eingang in die Geschichtsbücher. Technisch sei eine Abtrennung der Investmentbank als separates Unternehmen heute kein Problem, sagt Nikolaus von Bomhard. Der Vorstandsvorsitzende der Munich Re (Münchner Rückversicherung), zweifellos kundig im Finanzwesen, hat sich im Sommer 2012 als Anhänger des Trennbankensystems geoutet und die Großbanken, damit vor allem die Deutsche, frontal angegriffen. Das klassische Bankgeschäft sollte vom schwankungsanfälligen Investmentbanking getrennt werde, fordert von Bomhard und spricht von einem »Konstruktionsfehler des Systems«: Banken dürfen nicht zu groß sein, um zu scheitern, sagt der Topmanager.

Deutsche-Bank-Aufsichtsratschef Paul Achleitner kocht. Der Grüne Gerhard Schick vernimmt's mit Wohlgefallen – und staunt, wer sich plötzlich alles als Kritiker von Großbanken entpuppt: CDU-Finanzminister Wolfgang Schäuble liebäugelt mit Trennbanken, in Amerika sogar Sandy Weill, ausgerechnet der Mann, der als Chef der Citigroup sein ganzes Berufsleben dafür gerackert hat, dass die Bank groß und größer wird (und dabei zwischendurch auch mal die Deutsche Bank übernehmen wollte).

Ausgerechnet dieser Sandy Weill findet nun, mit 78 Jahren: Banken sind zu groß und deswegen zu zerschlagen: »Was wir wahrscheinlich tun sollten, ist, das Investmentbanking vom Privatkundengeschäft abzuspalten«, sagt er in einem Interview mit dem amerikanischen Fernsehsender CNBC im Juli 2012. Banken sollten entflochten werden, »damit die Steuerzahler nie wieder in Gefahr kommen und die Kunden nicht um ihre Einlagen zittern müssen«.

Dabei hatte Weill maßgeblichen Anteil daran, dass das Trennbankensystem Ende der 1990er Jahre abgeschafft wurde. Den damaligen Präsidenten Bill Clinton persönlich hat er nachts angerufen, in seiner Funktion als Ober-Lobbyist der Finanzbranche. Seine früheren Kollegen an der Wall Street fallen deshalb aus allen Wolken: Was ist auf seine alten Tage bloß in den Kerl gefahren? Warum diese spektakuläre Kehrtwende? »Das ist ungefähr so, als habe Napoleon das Ende eines Eroberungsfeldzugs gefordert«, merkt das *Wall Street Journal* spitz an.

»Die Welt verändert sich«, sagt der Großbanken-Pionier, »Die Welt, in der wir heute leben, ist eine andere als vor zehn Jahren.« Wahr ist freilich auch, dass die Börse Größe nicht mehr belohnt. Auch dies mag ein Grund für Weills Meinungswandel sein: Großbanken werden mit drastischem Abschlag auf ihren Buchwert gehandelt.

Und so kommt es, dass der Großkapitalist Weill argumentiert wie der Grüne Schick in Berlin: Die Investmentbanker sollten samt ihren riskanten Aktivitäten weg vom Privatkundengeschäft. Die Bank soll sich beschränken: Sie soll Sparkonten führen, Geschäfts- und Hypothekenkredite vergeben und somit das tun, »was nicht die Gelder der Steuerzahler aufs Spiel setzt und was nicht ›too big to fail‹ ist«.

Zählen kann Schick auf die Genossen, und damit sind nicht die von der SPD gemeint, sondern die Genossenschaftsbanken, die Volks- und Raiffeisenbanken, die sich in Abgrenzung zur Finanzindustrie gern als die Guten inszenieren. Auch sie warnen vor dem Erpressungspotenzial von zu großen Banken. Auch sie wollen zumindest darüber nachdenken, ob es nicht eine gute Idee wäre, riesige Institute wie die Deutsche Bank zu zerschlagen: »Steuerzahler und das klassische Einlagengeschäft sollten nicht für potenzielle

Risiken spekulativer Kapitalmarktgeschäfte geradestehen«, verlangt Verbandspräsident Uwe Fröhlich.

Verzockt sich eine abgetrennte Investmentbank, verschwindet sie vom Markt, ohne dass irgendwelche Sparer in Not geraten, das ist die Idee. Banken sollen pleitegehen können, ohne dass die Allgemeinheit haftet und ohne dass die ganze Welt in den Abgrund gerissen wird.

Was aber bringt die Trennung für die Stabilität des Finanzwesens wirklich? Lehman Brothers war eine reine Investmentbank und eben keine Universalbank – trotzdem hat sie das Weltfinanzsystem zum Beben gebracht. Oder in Deutschland: Hypo Real Estate und IKB – beides Spezialitätenläden, alles andere als Universalbanken, beide mussten vom Staat gerettet werden. Das öffentlich-rechtliche Sparkassen-Lager ist sozusagen eine einzige große Trennbank: Hier die Sparkassen mit dem Privatkundengeschäft. Dort die Landesbanken mit dem riskanten Rest: Trotzdem hat deren Rettung/Abwicklung den deutschen Steuerzahler Milliarden gekostet. Stichwort WestLB, Stichwort BayernLB.

Die Aufspaltung von Großbanken sei »reine Symbolpolitik«, sagt ein hochrangiger Banker, »im Endeffekt sogar kontraproduktiv«. Wer wirklich ein stabileres Finanzsystem wolle, müsse der »Derivate-Rakete den Treibstofftank abklemmen«. Zangen dafür finden sich in diversen Werkzeugkästen: Regulierung der Schattenbanken (Hedge-Fonds, Private Equity et al.). Striktere Eigenkapitalvorschriften für riskantere Geschäfte: je riskanter, desto mehr. Die Likannen-Kommission in der EU erwägt, dass Investmentbanker überproportional viel Kapital vorhalten müssen. »Das wäre ein vernünftiger Weg«, urteilt Ex-Bundesbankchef Axel Weber, Verwaltungsratspräsident der Schweizer UBS.

Das ist klüger, als Investmentbank und Privatkunden komplett voneinander zu trennen. »Das Böse darf das Gute nicht anstecken, deswegen ist es zu verbannen« – dieses Rezept klingt gut, schafft aber in Form einer Aufspaltung nur eine Scheinsicherheit:

Die simple Abtrennung der Investmentbanker garantiert keinesfalls, dass die so entstehende Teilbank weniger vernetzt ist im Finanzsektor: Sie würde im Fall der Pleite trotzdem weitere Häuser anstecken. Teilt sich die Deutsche Bank in zwei Teile, sind am Ende beide systemrelevant (und vom Steuerzahler zu retten), da sie immer noch groß und in vielen Fasern mit dem Finanzsystem verbunden sind. Nichts wäre damit gewonnen.

Ein wahres Plädoyer für Universalbanken hält deshalb der Stuttgarter Bankenprofessor Hans-Peter Burghof unter Rückgriff auf die deutsche Erfahrung: »Gerade der Wandel einiger Kreditinstitute von klassischen Universalbanken zu Kapitalmarktbanken im amerikanischen Sinne, die mangelhafte Einbindung und übergroße Dominanz des Investmentbankings hat sie so anfällig für die Krise gemacht«, sagt Burghof.

Schöner kann es auch Anshu Jain nicht ausdrücken: »Gerade das Universalbanksystem sorgt für Stabilität, Liquidität und Refinanzierungsmöglichkeiten«, betont der Co-Chef der Deutschen Bank. In den USA und in Asien werde es eine derartige Aufspaltung mit Sicherheit nicht geben. Zerschlägt aber die deutsche Politik die Deutsche Bank, so warnt Anshu Jain, verliert der Konzern international an Boden: Und das könne nicht im Interesse der deutschen Industrie sein.

Schon seltsam: Alle diejenigen, die mit einem Bankchef Jain die Furcht verbanden, dass er als Erstes zum Hammer greift und die Deutsche Bank zerschlägt, gerade die sind es, die ihn jetzt dazu zwingen wollen. Eine schräge Pointe!

Die Macht der Privatkunden

Ist der Schwur auf die Universalbank etwas wert, dann dürfen Herr und Frau Privatkunde sich als Könige fühlen. Nach Jahren der Vernachlässigung oder gar der Verbannung (Bank24) sind sie heute »absolutes Kerngeschäft«. Eine Säule für die Deutsche Bank. Privatkunden bringen Stabilität und Profit, manchmal sogar mehr als die Londoner Investmentbanker: Fast 25 Millionen private Kunden hat die Deutsche Bank in Deutschland, weitere fünf Millionen im Ausland.

Rainer Neske, Jahrgang 1964, ist ihr Mann, er ist im Vorstand für das Privatkundengeschäft zuständig. Deswegen landet auf seinem Schreibtisch der Ärger, wenn Attac und Co. mal wieder eine Banken-Wechsel-Aktion anzetteln: »Krötenwanderung – Bank wechseln, Politik verändern« lautet der Slogan. Die Vorwürfe an die Bank sind die üblichen: »Keine andere deutsche Bank investiert so massiv in Rüstungs- und Atomgeschäfte, verdient in dem Maß am weltweiten Hunger, hat so viele Niederlassungen in Schattenfinanzplätzen wie die Deutsche Bank. Das sind gute Argumente für einen Wechsel.« Popstar Bela B., Schlagzeuger der »Ärzte«, ruft als Protagonist der Kampagne auf, »allen zerstörerischen Großbanken den Rücken zu kehren – besonders wichtig ist das bei der Postbank.«

Keine Frage: Die »tiefste Vertrauenskrise in der Nachkriegszeit«, welche die Beratungsgesellschaft Bain für Deutschland ermittelt hat, trifft die Deutsche Bank besonders hart. Zur Gegenwehr haben Neskes Leute im Sommer 2012 eine neue Kampagne lanciert, etliche Millionen schwer. Die Mitarbeiter sollen es nun richten, indem sie den Slogan »Leistung aus Leidenschaft« neu interpretieren. Die Bank hat sie aufgerufen zu dichten: 400 Mitarbeiter haben geliefert, 12 kamen in die engere Wahl. »Ich möchte so beraten, dass ich meinen Kunden auch nach Jahren noch in die Augen schauen kann«: Sätze wie der von Vera Block, 28, Kundenberaterin, werden nun auf ganzseitigen Anzeigen verbreitet, handgeschrieben. Ob's hilft?

Die gegensätzlichen Interessen sind nicht aufzulösen: Je mehr Herr oder Frau Privatkunde handeln, je komplizierter das Produkt, desto besser für die Bank. Denn wovor hat die am meisten Angst? Vor der »Flucht der Kunden in liquide Mittel oder einfachere Produkte mit niedrigeren Provisionserträgen«, wie es im Geschäftsbericht, entwaffnend ehrlich, heißt (GB 2011, S. 169).

Lange fremdelten die Investmentbanker mit den kleinen Sparern, gegen den entscheidenden Sprung nach vorn im Privatkundengeschäft haben sie opponiert: Der Kauf der Postbank war ein Deal mit Haken und Ösen. Erst soll die Deutsche Bank der Post nur dabei behilflich sein, deren Bankgeschäft an die Börse zu bringen, dann sieht es kurz so aus, als würde sie das Ganze direkt kaufen. Dann wieder nicht, marsch, marsch zurück: Der Börsengang wird durchgezogen, hinterher sammelt die Deutsche Bank nach und nach die Aktien ein. Angeblich kam das im Resultat billiger. Heute gehören ihr knapp 94 Prozent der Postbank, es gibt einen Beherrschungs- und Gewinnabführungsvertrag: Außer der Marke ist der Postbank nicht viel an Eigenständigkeit geblieben.

Der historische Moment, die 50-Prozent-Schwelle, ist an einem Freitag Ende November 2010 erreicht: Damit wird die Postbank eine Art Unterabteilung der Deutschen Bank. Und die wird zur größten Sparkasse des Landes. Privatkundenvorstand Neske frohlockt: »Wir bauen die mit Abstand größte Privatkundenbank in Deutschland.«

Dem Manager sind die Postfilialen von Kind an vertraut: »Ich hatte mein erstes Sparbuch bei der Postbank, bin mit ihr aufgewachsen.« Mit ihnen halst er sich jedoch jede Menge Arbeit auf, Wohlmeinende sagen, zu viel: »Er ackert sich kaputt.« Im Ranking der internen Wichtigkeit jedoch steigt Neske gewaltig, er mindert die Abhängigkeit vom Investmentbanking: »Eine globale Bank wie unsere kann im Ausland nur so stark sein wie die Basis zu Hause, das ist eine der Lehren der Finanzkrise«, sagt er selbstbewusst. Auf Roadshows legt Neske vor Investoren gerne die Folie mit dem Vergleich der europäischen Wettbewerber auf: Da schließt die Deutsche Bank durch die Postbank zur Spitze auf.

»25 Millionen Kunden, 2000 Filialen, mehr als 40 000 Mitarbeiter, über 4500 Postagenturen. 260 Milliarden Euro Einlagen und über 200 Milliarden Kreditvolumen.« Das klingt gut.

Nichtsdestotrotz konzentriert sich der Bereich sehr auf Deutschland. Würde die Deutsche Bank, gegen Jains immensen Widerstand, von der Politik aufgespalten: als »Global Player« dürfte sich der Teil mit Herr und Frau Privatanleger nicht fühlen. »Im Ausland wurden Chancen liegen gelassen«, sagt ein Manager. Wer weiß, vielleicht greift Anshu Jain zu? Man werde Kaufgelegenheiten nutzen, deutet er an. »Die Konsolidierung in Europa wird kommen. Und wir werden sie sehr aufmerksam verfolgen.«

Erst mal weht die Fantasie daher, woher sie immer weht: aus China, den Schwellenländern. »Die Entwicklung in Asien steht für uns klar im Mittelpunkt«, betont Jürgen Fitschen, der lange Zeit vor Ort war. Und Anshu Jain weiß: Das Vermögen auf der Welt sortiert sich neu. In China werden die Ersparnisse der privaten Haushalte auf 1,6 Billionen Euro geschätzt. Der jährlich erscheinende Report über die Superreichen, herausgegeben von der Beratungsgesellschaft Capgemini, hat 2012 erstmals vermeldet, dass der Raum Asien-Pazifik mehr Millionäre vorzuweisen hat als Nordamerika.

Denen will die Deutsche Bank gerne zu Diensten sein. Das sogenannte »Privat Wealth Management« (PWM), das Geschäft mit den Wohlhabenden, hat Jain zu einem Zentrum seiner Anstrengungen erklärt – mit einem Akzent »insbesondere auf Schwellenländer«, wie eine interne Präsentation vermerkt. Damit, so die Hoffnung, könnte die Bank die »Herausforderungen in etablierten Märkten, den strengeren Regulierungsrahmen und das zunehmend schwierige politische Umfeld« ausgleichen.

Die Angelsachsen übernehmen die Deutsche Bank, das wurde mit Jains Ernennung erwartet. Jetzt zeigt sich: Die Deutsche Bank wird ein Stück asiatischer. In London und New York schickt Jain Investmentbanker nach Hause, in Asien wird Personal aufgebaut.

Es braucht mehr Köpfe, wenn die Industriellen in den aufstrebenden Ländern rundum versorgt werden sollen. Auch eine Vermögensklasse darunter, bei den etwas weniger Begüterten, steht Asien im Zentrum: »Im Verlauf der nächsten 20 Jahren wird sich die Einwohnerzahl in den Städten Chinas und Indiens um 600 Millionen erhöhen – das entspricht zweimal der Bevölkerung der Vereinigten Staaten«, sagt Jain. Chancen, wohin das Auge blickt.

Die Deutsche Bank hat gegenüber der Konkurrenz jedenfalls einen Startvorteil: 140 Jahre Tradition in Asien. Welche ausländische Bank wurde in China schon mit einem Satz Sonderbriefmarken bedacht? Vor der Deutschen keine. So hat sich die Volksrepublik für deren Sponsoring der öffentlichen Fitness bedankt.

1872, nur zwei Jahre nach der Gründung der Deutschen Bank in Berlin, eröffnet sie die erste Vertretung überhaupt in Schanghai (China), es folgt Yokohama (Japan). Nach der Reichsgründung im Jahr 1871 tritt die Mark an die Stelle von Gulden und Taler. Die neue Währung wird auf Gold umgestellt. Wohin aber mit den vielen silbernen Talern? Die Leute tauschen bei Münzstätten gigantische Mengen Silber ein, um diese Vorräte abzubauen – das war der Auftrag der Deutschen Bank vom Reichsschatzamt. Und wohin damit? Nach Indien und China, Länder mit einer Silberwährung.

Als der Silberkurs sinkt, schlägt das direkt auf die ostasiatischen Niederlassungen der Bank durch. Deren Aussicht auf Profite schwindet: Deshalb beschließt die Führung in Berlin 1875 bereits wieder die Liquidation, nach »deutlichen Verlusten im Silbergeschäft«. 1889 wagt man dann den zweiten Anlauf, mit der Gründung der Deutsch-Asiatischen Bank in Schanghai. Ihr Auftrag: vor allem die Finanzierung des Handels, außerdem vergibt sie chinesische Staatsanleihen, stellt das Kapital für Eisenbahnen und Bergbau. Der Erste Weltkrieg unterbricht die Geschäfte. Und ehe die Niederlassungen wieder richtig in Gang kommen, ist in Europa erneut Krieg: Wieder ist alles verloren. Im Jahr 1958 schließlich legt die Deutsche Bank den vierten Start in Asien hin, dieses Mal mit einer Niederlassung in Hongkong.

Heute hat der Konzern mehr als 16 000 Mitarbeiter in der Region Asien/Pazifik, bringt dort Firmen an die Börsen und eröffnet Filialen. 2007 hatte man das Führungsmandat am weltweit größten Börsengang in China, mit ICBC Industrial and Commercial Bank of China – ein 22-Milliarden-Dollar-Projekt. Mit der Beteiligung an der Huaxia Bank (gesprochen »Waschi«), hat die Bank Zugriff auf Privatkunden in China sowie auf das lukrative Kreditkartengeschäft. Nur stößt der Anteil jetzt an die gesetzliche Obergrenze in China, der Zutritt für ausländische Finanzkonzerne bleibt stark reglementiert, staatliche Willkür ist nicht ausgeschlossen. »Im Westen sind die Verhandlungen abgeschlossen, wenn ein Vertrag vorliegt«, berichtet ein Deutsch-Banker, »die Chinesen fangen dann erst an.« Nach Vertragsunterschrift geht das Ringen und Nachkarren los. Die Chinesen wissen um ihre Macht – und um die besondere Bedeutung des Finanzsektors. Dessen Öffnung gestaltet sich zäher, als es die offiziell verlautbarte Euphorie aus dem Westen glauben lässt.

Der Abschied von den magischen 25 Prozent
Ein Ausblick

Wie viel Rendite darf's denn sein? Wie viel soll es sein? 25 Prozent müssen es sein. Sonst macht sich die Bank angreifbar. Das war die herrschende Doktrin unter Josef Ackermann: 25 Cent Gewinn auf einen Euro eingesetztes Eigenkapital – für viele Mittelständler selbstverständlich, aus dem Mund des Deutsche-Bank-Chefs ein Skandal. Viel wurde Ackermann dafür gescholten. Anshu Jain wird nicht so schnell die Gelegenheit bekommen, sich dafür zu rechtfertigen: »Die Eigenkapitalrendite wird für einige Jahre substanziell unter dem alten Ziel von 25 Prozent liegen«, prophezeit sein Vorgänger. »Schon allein, weil sich das regulatorisch geforderte Eigenkapital erheblich erhöht hat.«

Jeder halbwegs geübte Bruchrechner weiß: Wächst der Nenner (also das Eigenkapital), sinkt bei konstantem Zähler (also Gewinn) der Quotient. Um die 25 Prozent Rendite zu halten, wären also kräftige Profitsprünge vonnöten – schöne Idee, nächste Idee. So lange Staaten und Banken in der Umgebung den Bach runter gehen, ist daran nicht zu denken.

Anshu Jain braucht gewaltige Hebel, um den Aktienkurs nach oben zu drücken. Das erhoffen sich die Investoren. Dafür hat ihn der Aufsichtsrat dort hingesetzt, wo er jetzt sitzt. Der Kurs sei »nicht zufriedenstellend«, räumt Jain ein – auch nicht für die

Deutsche-Bank-Manager (inklusive seiner selbst), die bis zu drei Viertel in Aktien bezahlt werden.

Ackermann wollte seine Leistung am Börsenwert gemessen wissen. Das hätte er sich lieber verkniffen. Am Tag seines Abschieds war die Bank mit »27 Milliarden Euro gerade noch so viel wert, wie Facebook in einer Woche an Marktkapitalisierung verloren hat«, spottet Hans-Martin Buhlmann von der Vereinigung Institutionelle Privatanleger auf der Hauptversammlung Ende Mai 2012.

Vom historischen Rekord (118,51 Euro, erreicht im Mai 2007) ist der Kurs mit Werten um die 30 Euro weit entfernt. »Ohne Perspektive«, »ohne Biss« – solche Sachen müssen Jain und Fitschen über ihre Aktie lesen. Der Auftrag an die Neuen ist klar: Das muss besser werden. Der Wert der Bank ist zu steigern. Gemessen an der Bilanzsumme ist die Deutsche Bank ein Gigant, Nummer eins auf der Welt. Im Börsenwert dümpelt sie abgeschlagen im Mittelfeld, irgendwo um Platz 40. Die großen chinesischen Bankhäuser, ICBC und China Construction Bank, sind fünfmal so viel wert wie »die Deutsche«.

Die wesentliche Größe, die den Kurs bestimmt, sind die erwarteten künftigen Gewinne. Wie viel Rendite also ist drin im Fall der Deutschen Bank? Das Investmentbanking macht gerade nicht viel her, die Rendite sinkt quer durch die Reihen – auf null bis fünf Prozent, so schätzt die Beratungsgesellschaft Roland Berger. Geradezu jämmerlich, aber das erklärt, warum Anshu Jain Privatkunden plötzlich sexy und das Modell der Universalbank unschlagbar findet.

100 Tage hat sich die Doppelspitze Zeit genommen, um eine eigene Zielgröße für die Deutsche Bank zu präsentieren. Am 11. September 2012, Punkt 12 Uhr, enthüllen Jain und Fitschen schließlich ihren Plan, genannt »Strategie 2015+«. In diesem Moment ist die »magische 25« Geschichte. »Winning in a changed environment«, werfen die Deutsch-Banker im Hermann-Josef-

Abs-Saal als Slogan an die Wand: »Gewinnen in einem veränderten Umfeld«.

12 Prozent Rendite auf das eingesetzte Kapital, lautet fortan die Maßgabe, vorgetragen von Anshu Jain. Auch der Werbespruch »Leistung aus Leidenschaft« werde voraussichtlich verschwinden, kündigt Jürgen Fitschen an. Irgendwas Softeres wird man sich wohl einfallen lassen.

Hat die Gier der Banker damit ein Ende, wie die ersten Kommentatoren glauben? Kehren nun Mäßigung und Bescheidenheit ein in die Doppeltürme? Von wegen! »12 statt 25« heißt keineswegs: Jain und Fitschen lassen es gemütlich angehen. Im Gegenteil. Ihr Ziel ist durchaus ambitioniert. Die angeblich turbokapitalistenmäßigen 25 Prozent nämlich bezogen sich auf die Rendite vor Steuern, die 12 Prozent nach Abzug der Steuern vom Gewinn – was die Zahl schon mal in Richtung 17 oder 18 hochtreibt.

Außerdem ist daran zu erinnern, dass die »25« hell als Ziel leuchtete, erreicht wurde sie in den Ackermann-Jahren ganze zweimal. Die Latte liegt nun niedriger, aber immer noch höher als die tatsächlich übersprungenen Werte in den vergangenen Jahren.

Noch wichtiger: Die Rendite errechnet sich, wie gesehen, aus einem Bruch. Oben der Gewinn, unten das Eigenkapital. Letzteres steigt massiv, gemäß den Vorschriften von »Basel 3«. Unter Ackermannschen Bedingungen wäre das 12-Prozent-Ziel folglich nicht so weit von den magischen 25 entfernt.

Um auf die angestrebten Renditewerte zu kommen, will Jain den Profit nach oben wuchten; von zwei auf drei Milliarden Euro im Geschäft mit Privatkunden im Jahr 2015, macht: plus 50 Prozent. Von 0,8 auf 1,7 Milliarden Euro in der Vermögensverwaltung, macht: plus 100 Prozent. So viel zur angeblichen Bescheidenheit. Oder frei nach Jürgen Fitschen: Kein Geld verdienen ist auch keine Lösung. »Wir sehen keinen Widerspruch zwischen wirtschaftlichem Erfolg und gesellschaftlicher Akzeptanz.« Die Börse hat die Ansage verstanden, der Aktienkurs klettert direkt mit Beginn der Investorenkonferenz um 12 Uhr, Aufführung gelungen, Respekt!

Wie immer, wenn die Doppelspitze auftritt, achten auch an diesem Tag alle darauf, wer das Kommando führt: Jain oder Fitschen? Reporter stoppen die Minuten, wer wie lange redet (Jain übrigens ausschließlich auf Englisch), Ergebnis: halbwegs ausgeglichen. Aufmerksam wird das Verfalldatum des Drehbuchs registriert: »Strategie 2015+« steht da. Exakt im Jahr 2015 endet der Vertrag von Jürgen Fitschen, an der Fortsetzung wird Anshu Jain wohl alleine schreiben – wenn alles glatt läuft.

Generell sind die Aussichten zunächst mau fürs Geldgewerbe. Für Anleger gibt es angenehmere Orte als das Bankenviertel. Industrieaktien sind attraktiver. So urteilen selbst wohlwollende Investoren wie Larry Fink, Chef von Blackrock, Herr über eine Kasse von 3,5 Billionen Dollar, damit der größte Vermögensverwalter der Welt, beteiligt an allen wichtigen deutschen Konzernen. Knapp über fünf Prozent hält Blackrock an der Deutschen Bank, mehr als jeder andere. Larry Fink, der von sich selbst sagt, er sei der größte Fan von Anshu Jain, nahm maßgeblich Einfluss auf dessen Beförderung. Die beiden mögen sich auch privat, wenn Fink mal in Frankfurt ist, frühstücken sie gemeinsam. Der »König der Wall Street«, so sein Ehrentitel in Amerika, lobt die starke globale Plattform der Deutschen Bank, das starke neue Team an der Spitze – und fürchtet die schärfere Regulierung, mit der sich die gesamte Szene herumschlagen muss.

Als Lehre aus Krise eins (Lehman) und Krise zwei (Euro/Staatsschulden) hat die Welt sich darauf geeinigt, dass Banken gezügelt werden müssen: weniger Risiko, mehr Eigenkapital. Das zehrt am künftigen Gewinn. Die staatlichen Retter sind müde, die Steuerzahler ausgelaugt. Noch einmal sind Banken nicht aufzufangen. Sie müssen daher sicherer werden, so ausgestattet sein, dass sie im Zweifel Pleite gehen, ohne den Wohlstand der ganzen Welt zu gefährden. Sicher heißt: auf riskantere Geschäfte ist zu verzichten. Weniger Risiko bedeutet aber auch: weniger Gewinnchancen. Nicht alles, was legal ist, werde künftig gemacht, geloben Jain und Fitschen, die Angst um den Ruf der Bank im Nacken. Wo genau die Grenze verläuft, ist schwer zu sagen. Eine haarige Sache.

Den Eigenhandel, das Spekulieren auf eigene Rechnung, hat die Doppelspitze öffentlichkeitswirksam zurechtgestutzt. Dieses Versprechen einwandfrei zu überprüfen, ist jedoch kompliziert beziehungsweise unmöglich: Wann handeln die Investmentbanker aus purem eigenen Antrieb? Wann tätigen sie einen Deal in Zusammenhang mit einem Kundengeschäft? Es bleibt Raum zur Gestaltung.

Wahr ist: Tendenziell wird die Spekulation zurückgedrängt, rund um den Globus. Finanztransaktionssteuer, höhere Kapitalvorschriften, etliches mehr hat die Politik im Köcher. In der Folge werden die Banken schrumpfen, auch das ist gewollt. Ihre Bilanzen werden kürzer, Vermögenswerte abgebaut: Assets im Wert von 135 Milliarden Euro hat Jain ausgelagert auf eine Resterampe, eine Art »Bad Bank«, die nicht so genannt werden darf. »Non-Core-Operations« hat man drauf geschrieben auf die Kiste; verbriefte Wertpapiere stecken drin, das von Sal. Oppenheim geerbte Kreditportfolio, aber auch handfeste Beteiligungen wie das Casino in Las Vegas, das außer schlechten Schlagzeilen wenig einbringt.

All dies ist abzustoßen, spätestens bis ins Jahr 2016, so der Auftrag von Jain, notfalls mit Verlust. Immer noch besser als zu den Investoren rennen, um sich zusätzliches Geld zu besorgen.

Dies allein genügt nicht, um das Kapital so weit zu verstärken, wie es die neuen Regularien vorschreiben. Die Bank muss sparen. Anshu Jain ist auch darin besonders ehrgeizig. »Best-in-Class« ist sein Anspruch für die Deutsche Bank. Beste Ertragskraft, höchste Effizienz, das bedeutet: weniger Personal. »Efficiency Rate« heißt das Zauberwort unter Bankern. Es misst das Verhältnis von Aufwand und Ertrag. 2011 betrug der Wert 78,2 Prozent in der Deutschen Bank. Das Vorbild J.P. Morgan schaffte 61 Prozent. In die Richtung will auch Jain. 65 Prozent sei das Äußerste für die Kennziffer. Um einen Euro zu verdienen, müsste die Bank dann 65 Cent einsetzen.

»Ist das ambitioniert? Ja. Ist es realisierbar? Wir denken schon«, sagt Jain. Die Programme zur Steigerung der Effizienz, die praktisch ständig laufen, hat die Doppelspitze verschärft. »Einfach gesagt: Unsere Kostenbasis ist zu hoch, wir sind nicht wettbewerbsfähig«, klagt Anshu Jain. »Wir passen das Geschäfts- und Ertragsmodell an, reduzieren geschäftliche Aktivitäten in einigen Regionen.« Der Heimatmarkt Deutschland bleibt wichtig (auch aus strategischen Gründen), der Rest Europas rutscht nach hinten in der Prioritätenliste, dort sei man »überinvestiert«, findet der Inder. »Wir reduzieren die Ressourcen in Kontinentaleuropa.« Schwerpunkt für Investitionen sind Länder wie China, Indien, Korea. Die Deutsche Bank wird deutsch-asiatischer.

4,5 Milliarden Euro an Kosten will der neue Chef bis zum Jahr 2015 rausschneiden. Mindestens. 500 Millionen Euro stammen aus der Integration der Postbank, wo noch Synergien zu heben sind, wie es so routiniert heißt. Außerdem streicht der Konzern fürs Erste 1900 Stellen, 1500 davon in der Investmentbank, »im Wesentlichen außerhalb Deutschlands« – das soll 350 Millionen Euro bringen. Und der Rest? Ein weiterer Personalbau ist unvermeidlich. Die schwärzesten Propheten reden von mehr als 10000 Jobs, die wegfallen könnten. Das Management selbst schweigt zu konkreten Zahlen, redet vage von »schmerzhaften Anpassungen«. Zunächst, so verspricht der Vorstand, geht es an die Kosten, an denen keine Köpfe hängen: IT-System, Einkauf, weniger Bürokratie: »Braucht es wirklich 6000 rechtlich eigenständige Einheiten?«, fragt Jain. Etwa 40 Immobilien will er verkaufen, Büros aus den Toplagen in New York und London auf günstigeres Gelände verlegen.

Gewiss ist: Banken sind eine sterbende Branche, was die Beschäftigung betrifft. Ihre Verbandsleute werten es schon als Erfolg, wenn sich der Jobabbau verlangsamt: 2011 ist die Zahl der

Stellen in Deutschland um 0,6 Prozent gesunken. 653 550 Menschen arbeiten im Geldgewerbe, es werden noch weniger werden. Das Onlinebanking wird weiter an Zulauf gewinnen: es ist schlicht bequemer, abends vom Sofa aus Rechnungen zu überweisen, als sich untertags in die Schlange in der Schalterhalle einzureihen. Der Kassierer hat den Kampf gegen die Geldautomaten sowieso längst verloren, und die IT innerhalb der Bank wird die Abläufe weiter vereinfachen. Finanzprodukte werden standardisiert, nicht nur in der Deutschen Bank, anspruchsvolle individuelle Beratung lohnt sich erst ab gewissen Umsätzen für Banken – auch wenn sie das Gegenteil behaupten.

Wenn Anshu Jain seine Folien zum Kulturwandel auflegt, dann fehlt nie der Hinweis auf den Kunden. Auf den möge sich die Bank besinnen, so das Versprechen. Die Banker hätten in der Vergangenheit mehr an ihre Boni gedacht als an die Kundschaft: An diesem Punkt setzt die Kritik aus dem Aufsichtsrat an, zu hören bis hinauf in die 33. Etage, von Oberkontrolleur Paul Achleitner.

Wie ist diesem Missstand beizukommen? »Wer nur zur Deutschen Bank kommen will, um schnell reich zu werden, gehört nicht dazu«, sagt Jürgen Fitschen. Und Anshu Jain räumt ein, dass die Investmentbanker sich am meisten zu ändern hätten: »Nirgendwo ist der Kulturwandel so wichtig.«

Wenn das stimmt, ist dann ausgerechnet er der Richtige, neue Saiten aufzuziehen? Ausgerechnet der Mann, der alles – seine Karriere, seinen Ruf, sein Vermögen – dem Investmentbanking verdankt, soll dort nun ausmisten, Gehaltsexzesse abstellen. Das Echo ist leicht zu erahnen: Anshu Jain bekommt den Widerstand in London fast täglich zu spüren. Drei Fragen helfen ihm, störrische Top-Verdiener zur Raison zu bringen: Hast du jemals gedacht, dass du mit 28 so viel verdienst? Hat dein Vater jemals gedacht, dass du so viel verdienst? Weiß dein Vater überhaupt, wie viel du verdienst? Meist lautet die Antwort drei Mal »nein«, dann ist der Widerstand gebrochen.

Ganz so rabiat, wie es auf den ersten Blick scheint, sind die neuen Regeln freilich nicht: Stars werden weiter bezahlt wie Stars. Die Bank schreibt keine Obergrenze für Boni fest, außerdem hält sie sich die Tür auf, die Boni wieder anzuheben, falls zu viele Talente zur Konkurrenz wechseln.

Dennoch, Anshu Jain meint es ernst. Er kann nicht anders: »Hochbezahlte Manager sind der größte Kostenfaktor«, sagt er. Zudem sei es ungesund, »wenn 80 bis 90 Prozent des Gewinns aus dem Investmentbanking stammen«. Wie glaubhaft sind solche Sätze? Jahrelang erfüllten ihn diese Zahlen mit Stolz, auf ihnen gründete seine Macht, sie haben seinen Aufstieg beflügelt. Das alles soll nun nicht mehr gelten? Ist Jain wirklich der Richtige, das Investmentbanking zu stutzen? Er kennt diese Zweifel. Wollte man das Investmentbanking ganz aufgeben, wäre er tatsächlich der Falsche, entgegnet Anshu Jain, »dann holt man sich niemanden aus diesem Bereich. Aber wenn man dort etwas ändern will, holt man jemanden, der etwas davon versteht.« Die Rückendeckung der Kontrolleure hat er. Ein Externer könnte nie so durchgreifen, der liefe prompt gegen eine Wand, heißt aus Kreisen des Aufsichtsrates, unter Hinweis auf die Geschichte: In Amerika bedurfte es eines Falken wie Richard Nixon, um als Präsident nach China zu gehen. In Deutschland brauchte es einen Sozialdemokraten wie Gerhard Schröder, um den Sozialstaat mit seiner »Agenda 2010« zu reformieren. Übertragen auf die »Strategie 2015« in der Deutschen Bank heißt das: Nur ein akzeptierter Investmentbanker kann die Truppen Mores lehren. Vorausgesetzt, er hat seine Lektion nach Lehman gelernt. Paul Achleitner, der Prediger der Läuterung im Range des Aufsichtsratsvorsitzenden, unterteilt die Banker in zwei Klassen: Diejenigen, die es kapiert haben. Und die anderen, die den Schuss immer noch nicht gehört haben. In welche Kategorie er Jain steckt, liegt auf der Hand: Zu den Einsichtigen natürlich. Tatsächlich ist es müßig, dessen Innerstes erforschen zu wollen, wie viel echte Reue in ihm steckt, wie viel Zerknirschung nur gespielt ist. Es ist auch egal: Die Umstände zwingen ihn dazu, genauer gesagt die Stakeholder, wie es so schön heißt: Eigentümer, Mitarbeiter, Gesellschaft. Die Aktionäre sind nicht länger bereit zu dulden, dass Boni-Banker reich und reicher werden, während sie darben. Sie nehmen auch nicht länger hin, dass weite Teile des Profits draufgehen für Rechsstreitigkeiten, provoziert durch halbseidene Geschäfte, an denen wiederum nur die Investmentbanker verdienen. Jain hat die Botschaft verstanden, weiß, dass der ramponierte Ruf zunehmend auf den Aktienkurs – den Maßstab für Erfolg – drückt, den Ballast muss er abräumen, will er eines Tages alleine regieren über »the Deutsche«, diese ganz besondere Bank in Deutschland.

Wann genau hat er sein Ziel erreicht? Wenn er die »führende, auf den Kunden konzentrierte und globale Bank« gebaut hat, wie es in seiner Strategie heißt? Wenn der Börsenwert abhebt, die Konkurrenz niedergerungen ist? All das wird nicht reichen. Anshu Jain hat seine Mission anders formuliert: »Es wäre schön zu sehen«, sagt er im Interview mit der *Frankfurter Allgemeinen Zeitung*, »wenn die Menschen in Deutschland zu dem Schluss kämen, dass es kein Fehler war, jemanden, der nicht von hier kommt, zum Vorstandsvorsitzenden berufen zu haben.«

Chronologie
Die Deutsche Bank und Anshu Jain

1870 Gründung der Deutschen Bank in einem Etagenkontor am Gendarmenmarkt in Berlin. Erste Adresse: Französische Straße 21, Berlin. Erster Direktor: Georg Siemens (1839–1901). Am 10. März 1870 erteilt der König von Preußen die Genehmigung, am 9. April nimmt die Bank die Geschäftstätigkeit auf.

1929 Der »schwarze Freitag« am 25. Oktober läutet mit einem weltweiten Sturz der Börsenkurse die Weltwirtschaftskrise ein. Vier Tage später, am 29. Oktober, fusionieren die Deutsche Bank und die Disconto-Gesellschaft. Der Konzern heißt vorübergehend »Deutsche Bank und Disconto-Gesellschaft«.

1931 Höhepunkt der Bankenkrise in Deutschland mit den »Bankenfeiertagen« vom 13. bis 15. Juli.

1937 Der Firmenname lautet wieder »Deutsche Bank«.

1945 Schließung der Zentrale in Berlin sowie der Niederlassungen in der sowjetischen Besatzungszone.

1947/48 Die Deutsche Bank wird in den westlichen Besatzungszonen in zehn regionale Teilbanken zerschlagen, diese wiederum werden nach fünf Jahren in drei Aktiengesellschaften zusammengefasst: Norddeutsche Bank AG, Rheinisch-Westfälische Bank AG, Süddeutsche Bank AG.

1957 Die drei regionalen Aktiengesellschaften werden zur Deutschen Bank AG mit Sitz in Frankfurt am Main verbunden. Zum Zeitpunkt der Verschmelzung beschäftigt das Institut 16 579 Mitarbeiter, die Bilanzsumme beträgt 7,62 Milliarden D-Mark.

1957 bis 1967 Hermann Josef Abs (1901–1994) ist Sprecher des Vorstandes.

1959 Die Deutsche Bank steigt ins Privatkundengeschäft ein.

1963 Am 26. März wird Anshu Jain als Sohn von Ambuj und Shashi Jain geboren.

1967 bis 1976 Franz Heinrich Ulrich (1910–1987) führt die Bank (in der Nachfolge von Hermann Josef Abs), von 1967 bis 1969 als Doppelspitze mit Karl Klasen (1909–1991).

1975 Die Deutsche Bank kauft von der Flick-Gruppe 29 Prozent der Anteile an der Daimler-Benz AG.

1976 bis 1988 Friedrich Wilhelm Christians (1922–2004) ist Vorstandssprecher, zunächst mit Wilfried Guth (1919–2009), von 1985 bis 1988 mit Alfred Herrhausen (1930–1989).

1976 In London eröffnet die Deutsche Bank die erste Auslandsfiliale nach Ende des Zweiten Weltkrieges.

1980 Anshu Jain absolviert ein Bachelor-Studium der Wirtschaftswissenschaften am Shri Ram College of Commerce der Universität Delhi.

1984 Die Deutsche Bank zieht in eine neue Konzernzentrale: die 155 Meter hohen Zwillingstürme an der Taunusanlage 12 in Frankfurt.

1985 bis 1989 Alfred Herrhausen ist Sprecher des Vorstandes (von 1985 bis 1988 noch mit Christians), er stirbt am 30. November 1989 bei einem Attentat von RAF-Terroristen.

1985 Anshu Jain beginnt sein Berufsleben als Analyst beim amerikanischen Börsenmakler Kidder Peabody & Co, direkt nach dem MBA-Abschluss an der Isenberg School of Management.

1988 Jain wechselt zur Investmentbank Merrill Lynch, steigt dort auf zum Managing Director.

1989 Die Deutsche Bank tut den ersten Schritt ins Investmentbanking: Sie kauft die britische Bank Morgan Grenfell. Nachfolger für Alfred Herrhausen als Vorstandssprecher wird Hilmar Kopper.

1995 Der amerikanische Star-Investmentbanker Edson Mitchell (1953–2000) stößt zur Deutschen Bank. Er bringt sein Team von Merrill Lynch mit, darunter Anshu Jain.

1996 Josef Ackermann kündigt im Juli bei der Credit Suisse, die Bank begründet die Trennung mit »unterschiedlichen Auffassungen«. Im Oktober tritt er als Vorstand der Deutschen Bank an.

1997 bis 2002 Rolf-E. Breuer ist Vorstandssprecher.

1999 Kauf und Integration von Bankers Trust in Amerika, Gründung von Deutsche Bank 24.

2000 Abbruch der Fusionsgespräche mit der Dresdner Bank auf Druck der Londoner Investmentbanker.

2000 Investmentbanker Edson Mitchell stirbt bei einem Flugzeugabsturz, auf dem Weg in den Weihnachtsurlaub. Sein Nachfolger als oberster Investmentbanker in London wird Anshu Jain.

2001 Die Deutsche Bank kauft Zurich Scudder Investments in Amerika. Sie steigt damit zum viertgrößten Vermögensverwalter der Welt auf.

2002 Josef Ackermann wird Chef der Bank. Anshu Jain wird in das neu gegründete Group Executive Committee berufen.

2003 Am 17. Februar erhebt die Staatsanwaltschaft Düsseldorf Anklage gegen Ackermann wegen seiner Rolle als Mannesmann-Aufsichtsrat. Der Vorwurf gegen die Kontrolleure lautet auf Untreue in besonders schwerem Fall.

2004 Am 21. Januar beginnt der Mannesmann-Prozess. Am 22. Juli 2004 spricht das Landgericht Düsseldorf alle sechs Angeklagten frei.

2005 Josef Ackermann verkündet auf der Bilanzpressekonferenz Anfang Februar einen Rekordgewinn (2,5 Milliarden Euro) und gleichzeitig den Abbau von 6400 Stellen. Ein öffentlicher Aufschrei ist die Folge. Am 21. Dezember hebt der Bundesgerichtshof den Freispruch im Mannesmann-Prozess auf.

2006 Anfang des Jahres verlängert der Aufsichtsrat Ackermanns Vertrag bis 2010, gleichzeitig wird er vom Sprecher des Vorstands zu dessen Vorsitzendem befördert – ein Titel, den es in der Deutschen Bank vorher nicht gab. Der Konzern investiert ins Privatkundengeschäft: Im Juni Kauf der Berliner Bank (119 Filialen, 770 000 Kunden) für 680 Millionen Euro. Im August Übernahme der Norisbank (98 Filialen, 334 000 Kunden) für 420 Millionen

Euro. Am 29. November wird das Mannesmann-Verfahren gegen Geldauflagen eingestellt.

2007 Übernahme der MortgageIT Holdings in Amerika, dadurch gerät die Deutsche Bank später in den Strudel der amerikanischen Immobilienkrise, juristischer Ärger und Milliardenklagen eingeschlossen. Am 14. Mai 2007 erreicht die Aktie der Bank ihr historisches Hoch mit einem Kurs von 118,51 Euro.

2008 Die amerikanische Investmentbank Lehman Brothers ist pleite. Merrill Lynch wird durch die Bank of America übernommen, der weltgrößte Versicherer AIG vom Staat gerettet. In Deutschland steigt die Deutsche Bank mit knapp 30 Prozent bei der Postbank ein. Die Commerzbank braucht nach dem Kauf der Dresdner Bank Staatshilfe.

2009 Auf der Bilanzpressekonferenz meldet Deutsche-Bank-Chef Ackermann für das Geschäftsjahr 2008 einen Rekordverlust von 5,7 Milliarden Euro vor Steuern. Im Frühjahr wird Anshu Jain in den Vorstand berufen. Außerdem rücken auf: Michael Cohrs, Rainer Neske, Jürgen Fitschen. Überraschend wird der Vertrag von Josef Ackermann bis zum Jahr 2013 verlängert.

2010 Anshu Jain wird zum alleinigen Chef des Investmentbankings befördert, sein bisheriger Co-Chef Michael Cohrs verlässt den Konzern.

2011 Am 25. Juli nominiert der Aufsichtsrat Anshu Jain und Jürgen Fitschen zu Co-Chefs der Deutschen Bank. Fitschens Vertrag wird bis zur Hauptversammlung 2015 verlängert, Jains Kontrakt bis 31. März 2017 – ebenso lang verlängert sich Rainer Neskes Vertrag. Der Aufsichtsratsvorsitzende Clemens Börsig kündigt an, im Mai 2012 abzutreten. Sein Nachfolger soll Josef Ackermann werden: »Ich bin gern bereit, in den Aufsichtsrat einzutreten und den Vorsitz des Gremiums zu übernehmen, um so auch in Zukunft der Bank dienen zu können«, wird er in der Pressemitteilung zitiert. Mitte November dann die Kehrtwende: Josef Ackermann steht als Kandidat für den Aufsichtsrat nicht mehr zur Verfügung. Paul Achleitner, bisher Vorstand der Allianz S. E., wird an seiner Stelle zum Aufsichtsratsvorsitzenden nominiert.

3. Februar 2012 Letzte Bilanz mit Josef Ackermann: Er vermeldet einen Gewinn von 5,4 Milliarden Euro vor Steuern – weit unter der angepeilten Rekordmarke von 10 Milliarden Euro. Die Schuld dafür gibt er dem Investmentbanking.

1. März 2012 Die Bank lehnt einen Vergleich mit den Kirch-Erben ab.

31 Mai 2012 Standing Ovations für Josef Ackermann auf seiner letzten Hauptversammlung. Hugo Bänziger und Hermann-Josef Lamberti scheiden mit ihm aus dem Vorstand aus. Den Aufsichtsrat verlassen Clemens Börsig, Maurice Lévy, Theo Siegert.

1. Juni 2012 Anshu Jain und Jürgen Fitschen starten offiziell ins Amt. Neuer Vorsitzender des Aufsichtsrates ist Paul Achleitner.

11. September 2012 100 Tage im Amt, präsentiert die Doppelspitze auf einer Investorenkonferenz die neue Strategie.

Dank

Wichtigste Quelle für dieses Buch waren die Gespräche mit den relevanten Akteuren in der Deutschen Bank und drumherum, geführt über mehrere Jahre, immer dann, wenn es in der Bank mal wieder spannend zuging. Und das passierte oft. Allen Gesprächspartnern sei dafür gedankt, dass sie ihre Eindrücke und Einschätzungen wiedergegeben haben. Außerdem gebührt Dank dem Herausgeber der *Frankfurter Allgemeinen Zeitung*, Holger Steltzner, sowie Rainer Hank als Ressortleiter Wirtschaft & Finanzen der *Frankfurter Allgemeinen Sonntagszeitung*, die mir im Sommer 2012 die Arbeit an diesem Buch ermöglicht haben. Ein herzliches Dankeschön auch an Waltraud Berz vom Campus Verlag, Lektorin Sabine Rock und Erstleserin Bettina Weiguny.

Literatur

Eglau, Hans Otto: Erste Garnitur. Die Mächtigen der deutschen Wirtschaft, Lübbe Verlagsgruppe, Bergisch Gladbach 1983

Gall, Lothar, u. a.: Die Deutsche Bank von 1870 bis 1995, C. H. Beck Verlag, München 1995

Hank, Rainer: Der amerikanische Virus. Wie verhindern wir den nächsten Crash? Karl Blessing Verlag, München 2009

Hennerkes, Brun-Hagen/Augustine, George: Wertewandel mitgestalten: Gut handeln in Gesellschaft und Wirtschaft, Herder Verlag, Freibug im Breisgau 2012

Hickel, Rudolf: Zerschlagt die Banken! Entmachtet die Finanzmärkte, Econ Verlag, Berlin 2012

Lewis, Michael: Boomerang. Europas harte Landung, Campus Verlag, Frankfurt 2011

Lewis, Michael: The Big Short. Wie eine Handvoll Trader die Welt verzockte, Campus Verlag, Frankfurt 2010

Lewis, Michael: Wall Street Poker, Finanzbuchverlag, München 2010

Müller, Leo: Ackermanns Welt. Ein Tatsachenbericht, Rowohlt Verlag, Reinbek 2006

Nolmans, Erik: Josef Ackermann und die Deutsche Bank: Anatomie eines Aufstiegs, Orell Füssli Verlag, Zürich 2006

Pohl, Manfred/Raab-Rebentisch, Angelika: Calendarium Deutsche Bank 1870–1992, Historische Gesellschaft der Deutschen Bank e. V., Frankfurt am Main 1993

Pohl, Manfred: Josef Ackermann. Leistung aus Leidenschaft, Frankfurter Allgemeine Buch, Frankfurt am Main 2012

Schwarz, Friedhelm: Die Deutsche Bank. Riese auf tönernen Füßen, Campus Verlag, Frankfurt 2003

Shiller, Robert J.: Märkte für Menschen. So schaffen wir ein besseres Finanzsystem, Campus Verlag, Frankfurt 2012

Sorkin, Andrew Ross: Die Unfehlbaren. Wie Banker und Politiker nach der Lehman-Pleite darum kämpften, das Finanzsystem zu retten – und sich selbst, DVA, München 2010

Tett, Gillian: Fool's Gold. How Unrestrained Greed Corrupted a Dream, Shattered Global Markets and Unleashed a Catastrophe, Little, Brown, Book Group, London 2009

Wagenknecht, Sahra: Freiheit statt Kapitalismus. Über vergessene Ideale, die Eurokrise und unsere Zukunft, Campus Verlag, Frankfurt 2012

Personenregister